TRINITY

Gordon Smith

100 ANTWORTEN VON SPIRIT

SINN FINDEN ERFÜLLT LEBEN

Wie die Geistige Welt unser Alltagsleben auf der Erde sieht

Aus dem Englischen von
Wulfing von Rohr

TRINITY

Umschlaggestaltung: Guter Punkt, München
Satz: BuchHaus Robert Gigler, München
Druck und Bindung: Pustet, Regensburg
ISBN 978-3-941837-89-8

www.trinity-verlag.de

Inhalt

Vorwort von Gordon Smith

Durch jedes meiner mehr als zwanzig Jahre Arbeit als Medium hatte ich die wunderbare Möglichkeit, vielen, wirklich sehr vielen Menschen zu helfen, mit ihrer Trauer umzugehen, ihren Kummer zu überwinden und eine neue, positive Sicht des Lebens zu erhalten.

Es sind sicher viele Zehntausende[1] gewesen, die im Verlaufe der gut zwei Jahrzehnte zu den Live-Demonstrationen gekommen sind, und viele hundert Menschen haben Botschaften von der anderen Seite empfangen, von geliebten Menschen – und so zugleich eine Bestätigung bekommen, dass deren Spirit[2] auch über das hinaus weiterlebt und weiter existiert, was wir als physischen Tod kennen.

Was die meisten dieser Menschen nicht wissen, ist, dass meine Arbeit als Medium auf eine ganz besondere Weise be-

1 Gordon Smith hat in England manchmal über eintausend Besucher bei seinen öffentlichen Demonstrationen von Jenseitskontakten. (Anm. d. Ü.)

2 Mit Spirit wird hier sowohl die geistige, spirituelle Essenz jedes Menschen, die nach deren Tod in die Geistige Welt eingeht, als auch der allumfassende »Geist« bezeichnet.

gann und sich in den folgenden Jahren zu einer ganz eigenen Art von Medialität[3] entwickelt hat, über die man in der Öffentlichkeit gar nicht sehr viel weiß. Diese Art von Medialität nennt man Trance-Medialität.

Bei dieser Form von medialer Arbeit geht das Medium in einen veränderten Bewusstseinszustand, in eine Art von Trance, und erlaubt seinem Geistführer oder überhaupt spirituellen Führern, herbeizukommen und die Stimme des Mediums zu verwenden, um direkt mit Menschen dieser Welt zu kommunizieren, auf dieser Seite des Lebens.

Die Trance-Medialität, die ich im Verlaufe der Jahre entwickelt habe, wurde nur für jene Menschen genutzt, die mit mir in meiner eigenen privaten Trainingsgruppe saßen. Diese Medialität und die Botschaften, die uns übermittelt wurden, dienten uns als Führung in unserem weiteren geistigen Fortschritt. Wir nutzten sie dafür, um mehr über Medialität, die Geistige Welt und unsere eigene spirituelle Entwicklung zu lernen.

Es kam zu all dem, weil Menschen in den spiritualistischen Kirchen[4], wo ich anfangs meistens gearbeitet hatte, etwas von den philosophischen Hintergründen gehört hatten, die die Geistige Welt bisweilen ansprach. Sie luden mich dann ein, Sitzungen in ihren Privatgruppen zu halten, in ihren eher geschlossenen Kreisen von ernsthaft Interessierten.

---

3 *Mediumship* wird heute allgemein als Medialität übersetzt; eine ältere Übertragung wäre »Mediumismus«. (Anm.d.Ü.)

4 Vor allem in England gibt es *Spiritualist Churches*, die als Kirchen anerkannt sind. Der Spiritualismus (nicht mit Spiritismus zu verwechseln) ist im englischsprachigen Raum weit verbreitet. Es gibt dort unzählige spiritualistische Kirchen, dort treten Medien auf, die für die Anwesenden Informationen aus der Geistigen Welt übermitteln. (Anm.d.Ü.)

So fingen die Sitzungen in Trance und diese Form von Medialität vor allem bei diesen privateren Treffen an, und ich führe sie nach mehr als zwanzig Jahren auch weiterhin ab und zu durch. Über die Zeit wurden Tausende von Fragen aus allen möglichen Lebensbereichen gestellt, auf welche die Geistführer geantwortet haben.

Trance ist ein Teil meines Lebens als Medium. Ich habe diese Arbeit nur für Menschen nutzen dürfen, die ernsthaft auf einem Weg der spirituellen Entwicklung sind. Aber seit einiger Zeit scheinen sich immer mehr Menschen für diese Art von Medialität zu interessieren und vor allem für die höheren Lehren, die dabei übermittelt werden.

Menschen aus allen Schichten und von Jugendlichen hin bis zu Alten haben Fragen gestellt, die ein großes Spektrum an Themenkreisen abdecken und mehr oder weniger die gesamte menschliche Existenz ansprechen. So habe ich viele Antworten von Spirit aus Tonaufzeichnungen und Niederschriften von Sitzungen zusammengetragen und die darin enthaltenen Lehren neu geordnet.[5] Diese Lehren waren schon viele Jahre bei mir in der Sammlung von Abschriften von Sitzungen, aber ich hatte damit nichts besonderes angefangen. Sicher tauchen einige der Antworten in den anderen Büchern auf, die ich geschrieben habe, aber es gab bis jetzt noch kein Buch, das Antworten von Spirit als Thema und Mittelpunkt hatte.

---

5 Hinzu kamen Fragen, die vom Verlag gesammelt und speziell für dieses Buchprojekt gestellt wurden.

Ich spüre, dass jetzt die Zeit gekommen ist, ein weiteres »Werkzeug« anzubieten für Menschen, die wirklich auf der spirituellen Suche sind, die echte Antworten finden möchten. Dazu kommt auch, dass ich leider hauptsächlich aus Zeitgründen keine Privatsitzungen mehr anbieten kann. Sogar die Demonstrationsabende mit Kontakten zu »Verstorbenen« und die Seminare zur Ausbildung der eigenen Medialität sind inzwischen doch nur begrenzt möglich.

Es war dann so wie bei allen anderen Büchern, die ich herausgebracht habe: Gerade, wenn ich eine Idee zu einem Thema hatte, bekam ich eine Bestätigung von einer anderen Seite, die mich darin bestärkte, dass es die richtige Zeit war, das Buch zu schreiben.

Bei diesem Buch erhielt ich dieselbe Art von Bestätigung, als ich vor einem Publikum von etwa hundert Menschen über mein letztes Buch sprach und eine Dame zu mir kam und mich fragte: »Gordon, warum schreibst du nicht einmal ein Buch mit den am häufigsten gestellten Fragen und den Antworten von Spirit?«

Ich schmunzelte und antwortete ihr: »Nun, verehrte Dame, Sie werden es nicht glauben: Aber genau das tue ich gerade.« Ich sagte ihr nicht, dass ich nur eine Woche zuvor von einem deutschen Verleger aus München angesprochen worden war, ein solches Buch zu schreiben.

Aber ich fand das schon ein bisschen merkwürdig, weil es das erste Mal war, dass jemand mich gebeten hatte, ein Buch mit Antworten von Spirit zu schreiben. Es zeigt wieder einmal, wie die Synchronizität der Geistigen Welt arbeitet, wenn wir uns dafür öffnen und uns auf sie einstimmen und einlassen.

Es ist heutzutage tatsächlich so, dass die Menschen sehr oft von den Herausforderungen des »modernen« Lebens mehr als jemals zuvor in der Geschichte belastet werden, bis an die Grenze des Erträglichen. Das ist ein Hauptgrund, warum viele dann ihren Fokus auf das verlieren, was sie wirklich vom Leben erwarten, wie sie wirklich leben möchten, welche Ziele es tatsächlich wert sind, angestrebt zu werden, welche ihrer Gaben und Fähigkeiten danach rufen, ausgebildet und angewandt zu werden.

Und vor allem wissen die Menschen nicht mehr: Wie können sie ihr eigenes Leben wieder in die Hand nehmen, deutlich mehr und erfüllender als bisher? Wie können sie persönliche Verantwortung und spirituelles Erwachen entwickeln, wie können sie sehr viel besser und mehr manifestieren, wer sie eigentlich sind?

Dies sind einige der entscheidenden Gründe, warum dieses Buch entstand. Bitte nehmen Sie jedoch einen sehr wichtigen Aspekt jeder Antwort von Spirit auf jede Frage zur Kenntnis: Alle Antworten sind gut und recht, solange sie Ihnen helfen, soweit Sie dadurch ermutigt, gestärkt, ermächtigt werden, so sehr Sie diese Antworten an Ihre eigene spirituelle Essenz erinnern, an Ihre Souveränität, Ihre geistige Eigenständigkeit.

Falls irgendwelche Antworten – seien es solche von Spirit, von einem Berater, einem Therapeuten, einem Guru, einem Kirchenvertreter oder sonst jemandem – dazu führen, Dogmen zu bilden, falls sie Sie behindern und wie in eiserne Ketten legen ... nun, dann verwerfen Sie solche Antworten, akzeptieren Sie sie nicht.

Als mein Geistführer Master Chi und andere Geistführer zustimmten, mir und meinen Leserinnen und Lesern bei diesem Buch zu helfen, haben sie eines sehr klar gemacht:

- Die Antworten für dieses Buch kamen von mehreren hohen Geistführern, aber hauptsächlich durch meinen eigenen Geistführer, den ich Master Chi nenne, oder manchmal einfach Chi. Das ist eigentlich nicht sein genauer Name, aber der Name, den wir für die Trance-Sitzungen verwenden.
- Alle Antworten, die in diesem Buch stehen, wurden als unmittelbare Rückmeldungen auf direkte Fragen gegeben, die verschiedene Menschen gestellt hatten.
- Mein eigener Geist war währenddessen in einem tiefen Trancezustand und hat, soweit ich das erfassen kann, auf keinerlei Art und Weise die Antworten beeinflusst, die übermittelt wurden.

Ich hoffe, dass Sie den Unterschied zwischen meinen persönlichen Bemerkungen in diesem Buch, jeweils in der Einleitung und im Abschluss zu jedem Kapitel, und den Antwortbeiträgen von Chi und anderen Geistführern feststellen werden, die eine deutlich höhere Sichtweise des Lebens besitzen, als ich selbst sie je haben könnte.

Mit diesen Hinweisen im Sinn bitte ich Sie, das Buch zu lesen, sich daran zu erfreuen und es auf eine ganz spezielle Weise zu nutzen: als eine direkte und sehr hilfreiche Verbindung mit Spirit in Ihrem eigenen Leben!

Die Reise des Menschen

Einführung

Während meines bisherigen Arbeitslebens und während meiner Reisen in viele Länder rund um diesen Erdball bin ich Tausenden von Menschen begegnet, die sowohl mir selbst Fragen über ihr persönliches Leben gestellt haben als auch ihre Fragen über mich an Spirit gerichtet haben. Oft genug ging es dabei auch darum, warum ihnen denn dies oder jenes zugestoßen wäre, aber anderen Menschen nicht.

Meine Ansicht und Erfahrung ist, dass jede Person das Leben auf eine andere und ganz eigene Weise betrachtet. Deshalb beruhen meine Antworten (aber soweit ich festgestellt habe, auch immer die Antworten von Spirit) darauf, was dem Menschen in seiner jetzigen Situation und unter seinen derzeitigen Umständen und in diesem besonderen Augenblick am meisten nutzt. Als Medium habe ich ein Gespür für das, was die Person wirklich braucht – was in der Frage und was dahintersteckt, oft auch wegen der Art, wie die Person die Frage stellt. Zum Beispiel fragen mich zwei verschiedene Personen, ob es

»auf der anderen Seite« irgendeine Form von Strafe dafür gibt, wenn sie in diesem Leben schlimme Dinge getan haben. Eine Person stellt die Frage vielleicht, weil ihr von jemandem Unrecht zugefügt wurde, der jetzt in der Geistigen Welt ist, und sie erwartet, dass es eine Art von Vergeltung gibt.

Eine andere Person stellt die Frage aber aus einem ganz anderen Grund, nämlich weil ein ihr sehr lieber Mensch, der kein so gutes Leben geführt hat jetzt in der Geistigen Welt ist. Aber die Fragestellerin hat diesen Menschen trotzdem geliebt und hofft darauf, dass es eine Möglichkeit der Vergebung dort drüben geben möge.

Es ist für mich persönlich häufig gar nicht so leicht, bei dieser Art von Fragen diplomatisch gegenüber den Fragestellern zu bleiben – denn wenn man ihren emotionalen Zustand nicht ziemlich genau kennt, aus dem heraus sie solche Fragen stellen, können die Antworten verletzend wirken.

Deshalb bin ich selbst auch immer sehr interessiert daran zu erfahren, welche Antworten von meinem Geistführer Master Chi oder anderen Geistführern durchkommen, wenn ich eine Trance-Sitzung für Fragesteller abhalte. Meistens berührt die Geistige Welt offensichtlich den wahren Kern des Menschen, der die Frage stellt, da das höhere spirituelle Bewusstsein, der Spirit-Geist, genau erkennt, was dem Einzelnen wirklich nutzen wird, und zugleich aber auch auf eine Art verständlich und wirkungsvoll ist, die für die anderen Teilnehmer an der Trance-Sitzung hilfreich ist. Die folgenden Fragen und Antworten stammen aus verschiedenen Sitzungen mit meinem Geistführer, bei denen das zentrale Thema die Reise des Menschen durch das irdische Leben war.

Fragen und Antworten

1. Was ist der wahre Grund oder Zweck für das menschliche Leben?

Der Grund und Zweck ist ganz einfach, zu wachsen und aus den Erfahrungen der Umstände zu lernen, mit denen du es während deines Lebens zu tun hast. Wenn du einen Augenblick innehältst und überlegst, wie sehr das Wissen vom Zeitpunkt der ersten Existenz in dieser Welt angewachsen ist, wie sehr sich Einsichten entfaltet und Verhaltensweisen verändert haben, dann hast du damit einen gewissen Maßstab, um die Entwicklung der Menschheit, um den Fortschritt auf der Reise des Menschen von damals bis jetzt zu messen.

Und wenn du die Welt des Menschen heute einmal betrachtest und all die negativen Dinge, die man durch Arbeit an ihnen doch verändern kann, um eine spirituellere, stabilere Daseinsform zu bewirken, dann wirst du zugleich erkennen, wie viel noch erfahren und durchlebt und erlernt werden muss, um den Fortschritt des Menschen weiter voranzubringen.

2. Warum haben manche Leute ein schwereres Leben zugeteilt bekommen als andere?

Das ergibt sich aus dem allerersten Anfang der Existenz des Menschen in dieser Welt. Manche haben es leicht geschafft, ihre Lektionen zu lernen und das zu erreichen, was ihnen vorgegeben wurde, während andere damit sehr gerungen haben und dann das, was nachfolgte, aufgrund des Gesetzes von Ursache und Wirkung nicht so ausgeglichen war. Dieses Gesetz bestimmt die Handlungen des Menschen, und die Lektionen, denen man sich gegenüber sieht, sind durch die eigenen guten und schlechten Handlungen, durch richtige und falsche Handlungen geschaffen worden.

Mit jedem neuen Zeitalter der Menschheit gehen neue Erkenntnisse einher, die mehr Klarheit mit sich bringen. Wo du in diesem Augenblick der Morgendämmerung einer neuen Erkenntnis stehst, wird sehr stark dazu beitragen, wie viel mehr an Balance du erreichen kannst.

Gehe niemals mit menschlichen Maßstäben davon aus, dass in dieser einen Lebenszeit viel erreicht werden könnte. Nein, betrachte dich vielmehr als sehr begünstigt, wenn du jene erkennst, die sich mehr als du in diesem Leben abkämpfen. Und versuche die Höhen jener zu erreichen, von denen du meinst, sie seien begünstigter als du selbst.

Erinnere dich daran: Du allein kannst keinen vollständigen Ausgleich für die Probleme der irdischen Welt herbeiführen, aber du kannst Balance erreichen in dem einen Leben, das du selbst kontrollierst.

3. Stimmt es tatsächlich, dass wir uns durch Leiden spirituell entwickeln, und falls es wahr ist, warum ist das so?

Keiner wird durch Kämpfe und Quälereien wachsen, wenn er nicht in der Lage ist, das aus einer höheren Perspektive zu betrachten. Wenn du jedoch feststellst, dass die schwierigen Zeiten dazu führen, dass du innehältst und aus dem sonst automatischen Lebensstrom in der menschlichen Welt aufwachst und dass diese Zeiten dich veranlassen, dein Leben zu überdenken und Fragen zu stellen – dann wirst du verstehen können, dass Leiden in deinem Leben mehr eine Lektion als eine Strafe darstellt.

Dahinter steht ein System der Entwicklung, das dir hilft, dein Bewusstsein zu erweitern, und es möglich macht, dass du deine Erfahrungen in deinem Leben neu verstehst und einordnest. Wenn du dich aufgrund von Unwissen gegen Veränderungen sträubst oder gegen sie ankämpfst, dann wird sich sehr vieles um dich herum niemals ändern.

4. **Gibt es einen karmischen Ausgleich bei unserer menschlichen Reise? So zum Beispiel, dass wir, wenn wir etwas Gutes im Leben bekommen, deshalb später etwas Schlechtes erleben müssen, um eine Balance zu erreichen?**

Es kommt durchaus vor, dass man etwas Gutes, wie du es nennst, erlebt, nachdem man vorher etwas Schlechtes erfahren hat. Aber dahinter steckt kein Naturgesetz, das einen exakten Ausgleich bewirken würde. Es gibt Zeiten, in denen eine gute Handlung ein Leben bis zu dessen Vollendung verändern kann. Genauso wie eine andere Handlungsweise einen Strom unseliger Ereignisse bis zum physischen Tod nach sich ziehen könnte.

Versuche zu verstehen, dass ein Ausgleich von Gut und Schlecht keineswegs immer zu einer vollkommenen Balance in einem Leben führt. Es gibt andere Dinge, die dabei eine Rolle spielen, bei denen Abstufungen der Polarität bestehen. Und man muss auch andere Aspekte des menschlichen Lebens in Betracht ziehen, bevor man eine echte Balance erlangen kann.

Für dich kann ich sagen: Wäre es nicht besser, nach Zufriedenheit zu suchen inmitten all der Dinge und Ereignisse in deinem Leben, die du als gut oder schlecht bewertest? Denke daran, dass ein zufriedener Gemütszustand eine bessere Chance besitzt, Ausgleich und Balance zu finden, als ein Gemüt, das sich ständig auf und ab bewegt.

5. Gibt es in der Geistigen Welt irgendeinen Unterschied zwischen den Menschen, die ein gutes Leben geführt haben, und jenen, die sich entschieden hatten, schlecht zu sein?

Ich würde sagen, dass ihr Gewissen einen Unterschied ausmacht, der sofort ins Auge fällt. Wenn sich eine Person entschlossen hatte, ein gutes Leben zu führen, aber das nur deshalb so gewählt hatte, um schwierigen Erfahrungen aus dem Weg zu gehen, die ihrem Bewusstsein geholfen hätten, sich zu entfalten und zu wachsen, dann wird ihr Gewissen und damit ihr Bewusstsein etwas belastet sein, wenn sie in die Geistige Welt zurückkehrt.

Im Fall der Person, die sich entschieden hatte, ein Leben voller schlechter Handlungen zu führen, die schlimme Auswirkungen für sie selbst und andere nach sich zogen, wird sie sich ganz sicher mit dem Gewicht ihres Gewissens konfrontiert sehen, das sie selbst geschaffen hat und das nun ihren weiteren spirituellen Fortschritt behindert.

Wenn sich nun aber jemand seiner Handlungen gar nicht gewahr ist, weil er keinerlei Bewusstheit darüber besitzt, was er sich selbst und anderen früher angetan hat, dann wird ihm das schwere Gewicht seines Gewissens nicht erlauben, in der Geistigen Welt von einer höheren spirituellen Ebene angezogen zu werden. Die Dichte seines Bewusstseins wird dazu führen, dass er sich aufgrund seiner völligen Ignoranz in der niedrigsten Form manifestiert.

6. Gibt es einen Himmel und eine Hölle?

Wenn du dich entscheidest, sie zu erschaffen, dann werden sie existieren. Auf allen Ebenen des Lebens gibt es verschiedene Seinszustände – das, was du Himmel nennst, wird meist als eine Belohnung dafür verstanden, dass man gut gewesen ist. Und die Hölle, nach der du fragst, ist dann ein Ort der Bestrafung, nicht wahr? Beides, Belohnung und Bestrafung, werden vom menschlichen Gemüt erfahren, und es gibt sie, um dich an das Gute und das Böse zu erinnern.

Wie die meisten Dinge, die der menschliche Verstand untersucht, sind sie Gegensätze, und es gibt nicht viel Verständnis für das, was in der Mitte zwischen ihnen liegt. Wenn du dich entscheidest, das eine zu erschaffen, wird das andere als dessen Gegenteil existieren, ob du das möchtest oder nicht.

Es ist viel besser, zentriert zu sein, sich in der Mitte zu befinden und die Höhen und Tiefen zu akzeptieren. Denn nur aus deiner Mitte heraus kannst du wirklich ein Gleichgewicht herstellen, eine Balance.

7. Wenn ein Kleinkind stirbt, geschieht das, weil es nicht mehr so viel vom irdischen Leben erfahren muss?

Es gibt Beispiele, wo ein bestimmtes Bewusstsein die menschliche Welt nur berühren muss und dann zurückkehren kann – in manchen Fällen ist das alles, was es vom physischen Leben als Erfahrung braucht. Die Menschen in dieser irdischen Welt erleben das als ein emotionales Leid und als großen Kummer, aber solche Erfahrungen sollten nicht als eine Form von Strafe missverstanden werden, sondern als eine Abmachung zwischen allen Beteiligten.

Durch das Erleben dieser Abmachungen erhältst du Gelegenheiten, verschiedene emotionale Situationen und Umstände zu erfahren, die Teil der menschlichen Reise sind, die du in jener Zeit machst.

8. Können wir unseren Weg in diesem Leben verändern? Und wie könnten wir das bewerkstelligen?

Die Möglichkeit, die Chance, etwas zu verändern, ist Teil der Abmachung, die du getroffen hast, bevor du in diese Welt gekommen bist. Ein erfolgreiches Leben im Unterschied zu einem verfehlten Leben besteht darin, die richtigen Elemente oder Faktoren zu finden, um deinen Lebensweg, deine Ausrichtung zu verändern. Ihr alle werdet feststellen, dass es Zeiten und Umstände während eurer Lebensreise gibt, in denen sich diese Elemente selbst präsentieren.

Du bemerkst vielleicht, dass es Zeiten gibt, in denen du allein handeln und selbst Verantwortung für das übernehmen musst, was du vorhast. Das sind Gelegenheiten, wo es dir am leichtesten fällt, die Richtung deines Weges zu verändern. Allerdings existiert zugleich auch fast immer eine schwere Angst, die einen belastet und begleitet, sobald der menschliche Geist eigene Verantwortung und Kontrolle über die Lebensreise übernehmen muss.

Ich möchte dies betonen: Zeiten, in denen Angst in dir auftaucht, sind die wichtigsten Augenblicke deines Lebens. Dann musst du dir erlauben, so spontan wie möglich zu agieren, denn dein höheres Bewusstsein weiß, was geschehen wird, gleich wofür du dich entscheidest und welchen Weg du einschlägst.

Aber dein menschlicher Verstand wird zweifeln, weil er eher auf Angst als auf Zuversicht ausgerichtet ist und reagiert. Du erfährst unter Umständen nur einige solcher Augenblicke in deinem menschlichen Leben. Deshalb ist es so wesentlich, dass du dich dann daran erinnerst, ganz dem zu vertrauen, was du in deiner eigenen innersten Mitte fühlst, und nicht dem, was du in deinen angsterfüllten Gedanken hörst.

9. Wenn wir erkennen würden, warum wir hierhergekommen sind und was wir hier lernen sollen, hieße das dann, dass wir nicht mehr wiederkommen müssten?

Du hättest gar nicht hierherkommen müssen. Diese gesamte Reise ist etwas, was du dir selbst gewählt hast. Das Problem für den begrenzten menschlichen Geist ist, dass er – ausgestattet mit einem physischen Körper mit begrenzten Sinnen und begrenztem Gedächtnis – nicht in der Lage ist, sich an seinen Zustand in der Geistigen Welt zu erinnern. Daher jedoch bist du gekommen und dorthin wirst du immer zurückkehren.

Die Reise des Menschen ist ein solch kleiner Teil deiner Existenz und für deinen spirituellen Geist ist sie nur wie ein Augenblick ohne Klarheit. Wenn du in deine spirituelle

Heimat zurückkehrst, wirst du ganz sicher so viel mehr begreifen, als du es jetzt tust. Bis dahin sollst du erkennen, dass die Lebenszeit, die du in der irdischen Welt verbringst, nur ein winziger Übergang oder Durchgang ist im Vergleich zur Ewigkeit.

10. **Was wäre der beste Rat, den Spirit jemandem geben könnte, der sein Leben verbessern und spiritueller gestalten möchte?**
Versuche, achtsamer und sensibler deine Handlungen in der physischen Welt zu betrachten. Lerne, die Situationen, in denen du dich vorfindest, weniger sorgenvoll oder ängstlich aufzunehmen, und erkenne und wisse, dass sich ohne jeden Zweifel alles verändern wird.

Denke daran, auf deiner Reise mitfühlend zu sein und so viel Liebe wie nur irgend möglich zu erfahren – denn sie wird dich daran erinnern, woher du gekommen bist.

Rückschau

Wenn ich diese Antworten von Chi Revue passieren lasse, zeigen sie mir, dass er mit viel größerer Gewissheit spricht, als ich persönlich es tue, wenn ich die gleichen Arten von Fragen beantworte. Das unterstreicht für mich, wie sehr Spirit über den Emotionen steht im Vergleich zu uns Menschen in dieser Welt.

In einer Sitzung stellte eine Dame, die ihre gesamte Familie verloren hatte, eine sehr persönliche Frage an Chi. Sie war von ihren Lieben als Einzige in dieser Welt übrig geblieben. Sie fragte nun, warum – wenn wir doch alle die Wahl haben, wie wir unser Leben gestalten und auch wie und wann wir wieder hinübergehen – sich alle ihre Angehörigen entschieden hatten, sie zu verlassen. Er antwortete ganz einfach und sagte ihr: »Genau aus dem Grund, warum du dich entschieden hast, ohne sie weiterzuleben.«

Viele der anderen Anwesenden in der Gruppe empfanden diese Antwort als »kalt«. Chi spürte diese Einstellung oder Reaktion offensichtlich und fuhr fort, der ganzen Gruppe zu erklären, dass nichts weiter vorangebracht werden könnte, solange sich Menschen in dieser Welt als Opfer betrachten würden. Er erinnerte sie dann daran, dass wahres Mitgefühl oft herb klingen könnte, aber dass die »strengere« Seite des Mitgefühls den Menschen am meisten helfen kann, etwas zu lernen.

Dann sagte er zu dieser Dame, dass sie sich doch die Dinge überlegen sollte, die sie in diesem Leben noch erfahren und vollbringen wollte, und dann würde ihr klar werden, warum sie ihre ganze Familie überlebt hatte. Daraufhin meinte sie, dass sie gar nicht wüsste, wohin ihr Leben steuerte.

Chi reagierte darauf wie der Blitz mit der Bemerkung: »Du hast doch in deiner Handtasche ein Flugticket nach Amerika, das war doch dein lang gehegter Wunschtraum.« Im Verlauf dieser Reise würde sie mehr Klarheit über die letzte, gerade abgeschlossene Etappe ihres Lebens gewinnen.

Die Dame war schockiert, dass mein Geistführer wusste, was sich in ihrer Handtasche befand, da sie das keinem Einzigen in der Gruppe vorher mitgeteilt hatte. Aber etwas an diesem »Zwischenfall« brachte ein Funkeln in ihre Augen.

Vielleicht, weil Chi etwas getan hatte, was sozusagen übersinnlich war, oder weil er sie einfach daran erinnert hatte, dass es auch noch ein neues, eigenes Leben nach all den Verlusten geben würde, die sie erlitten hatte. Was es auch gewesen sein mochte: Diese Dame strahlte nach der Sitzung mehr als alle anderen in der Gruppe. Ich glaube, dass er ihr einfach einen neuen Hoffnungsschimmer gegeben hatte.

Vorherbestimmung und frühere Leben

Einführung

Als Medium werden mir laufend Fragen über frühere Leben und Vorherbestimmung gestellt. Ich gebe immer mein Bestes, darauf mit dem zu antworten, wovon ich überzeugt bin, und die Dinge, die ich in meinem eigenen Leben in dieser Hinsicht erfahren habe, helfen manchmal. Dafür ein persönliches Beispiel von einem Tagesausflug mit meinem Onkel über den Kanal zum französischen Ort Dieppe. Ich war damals noch ein Teenager.

Als wir im Hafen ankamen, fragte mich mein Onkel, ob ich nicht zuerst ein paar Souvenirs kaufen wollte, und er lief gleich in die Richtung weiter, in die die meisten Passagiere gingen, die auch vom Fährschiff gekommen waren. Ich rief ihm zu, dass er in die falsche Richtung ginge.

Er reagierte auf meine ganz spontan sich äußernde Ortskenntnis ganz schockiert, umso mehr, als ich ihm die Namen der Straßen und Plätze nannte, die wir uns während unseres Besuchs in diesem Ort ansehen sollten.

Ich spürte, dass ich hier schon einmal gewesen war, obwohl ich zuvor noch nie in meinem Leben nach Frankreich gefahren war. Für meinen Onkel war zusätzlich erstaunlich und verwirrend, dass wir eigentlich vorgehabt hatten, einen anderen französischen Küstenort zu besuchen. Aber wegen zu dichten Verkehrs auf der Straße am frühen Morgen hatten wir das ursprünglich geplante Fährschiff verpasst und einfach das nächste Schiff zu einem anderen Ort genommen. Er wusste also, dass ich mir nicht vielleicht schon zu Hause eine Karte von Dieppe hätte besorgen und mich über die Stadt informieren können. Bis zu diesem Vormittag hatte ich noch nicht einmal den Namen dieses Ortes gekannt.

Ich weiß wirklich nicht, ob ich in einem früheren Leben dort einmal gewohnt habe, aber was ich an dem Tag alles erlebte, war ziemlich überwältigend, und ich fühlte mich am Abend reichlich verwirrt. Ich kannte nicht nur die Straßennamen, bevor wir um eine Ecke bogen, sondern erinnerte mich auch an Bars und Cafés, von denen ich spürte, dass ich schon einmal dort gewesen war.

Ich weiß bis heute nicht, ob das alles mit meinen medialen Fähigkeiten zu tun hat, oder ob etwas in mir in ein vergangenes Leben zurückkehrte. Aber auf jeden Fall passierte an diesem Tag etwas ganz Außergewöhnliches mit mir. Ich war damals fünfzehn Jahre jung und seither ist nie wieder etwas für mich Wichtiges über ein mögliches früheres Leben in Frankreich oder über Dieppe aufgetaucht. Ich bewahre mir aber einen offenen Geist, und solange ich offen bin – wer weiß schon, was noch kommen mag?

Fragen und Antworten

1. Ist unser Leben vorherbestimmt oder haben wir Wahlmöglichkeiten, gibt es einen freien Willen?

Es gibt in allen Bereichen und Aspekten des Lebens immer freien Willen und die Gelegenheit, eine Wahl zu treffen. Zugleich existiert jedoch auch ein Element von Vorherbestimmung in jeder menschlichen Inkarnation, die das Bewusstsein wählt.

Wenn wir die menschliche Inkarnation als eine Reise betrachten, dann kannst du dir gut vorstellen, dass du vor Antritt der Reise bestimmte Planungen gemacht hast. Wir müssen nun lernen zu erkennen, dass es während der Reise verschiedene Optionen gibt, Wahlmöglichkeiten, die dann jeweils bestimmen, wohin sich der weitere Weg richtet, und das wiederum führt zu unterschiedlichen Endpunkten deiner Reise, die möglich und erreichbar sind.

Wenn wir diese möglichen Wege der Reise Zeitachsen nennen, dann hast du vielleicht bei der Betrachtung deines Lebens ein deutlicheres Bild davon, wo du jetzt gerade bist. Ich bin sicher, dass du in deinem Leben an Punkte gekommen bist, an denen du eine Entscheidung hast treffen müssen, in diese oder in jene Richtung weiterzugehen, und zwar gleich, ob du dir damals darüber im Klaren warst oder nicht.

In dem Moment, als du eine Entscheidung getroffen und sie in die Tat umgesetzt hast, bist du auf eine ganz bestimmte Zeitachse gegangen, die zu einem anderen Ergebnis am Ende deines Lebens führen wird, als wenn du eine andere Wahl getroffen hättest.

Damit sollte alles schon etwas klarer sein. Wenn du vor einer wichtigen Entscheidung in deinem Leben stehst, die dein Leben verändern wird, folgst du deinem eigenen freien Willen, wenn auch immer im Rahmen von Vorherbestimmung.

Du bist sicher schon einmal einem Menschen in deiner Welt begegnet, der sein Leben trotz aller Widerstände und gegen jede Wahrscheinlichkeit gedreht hat und nun so wirkt, als ob aus ihm eine völlig neue Person geworden sei. Möglicherweise nennt man so etwas in eurer Welt einen »Akt Gottes«. Ich sage dir jedoch, das er das nicht ist, sondern vielmehr ein »Akt des Selbst«, weil dieser Mensch seine Zeitachse verändert hat. Er hat sich auf etwas eingestellt, dass er in seinem Lebensplan »eingebaut« hatte, bevor er in diese menschliche Inkarnation getreten ist.

2. Suchen wir uns unsere Eltern aus und den Ort, an dem wir geboren werden?

Bei jemandem, der die Bewusstheit dafür besitzt, sich das auszusuchen, ist es auch so. Aus der menschlichen Perspektive betrachtet wird euch das alles sehr verwirrend erscheinen, aber mit dem Überblick von Spirit ist es klar. Die bevorstehende Inkarnation wird auf einer sehr viel höheren Bewusstseinsebene zwischen allen ausgemacht, die an der künftigen Reise beteiligt sind, mitsamt den Beziehungen und Interaktionen, welche das Bewusstsein, das sich auf der Reise befindet, erfahren soll.

Ich wiederhole, dass dies alles für euch ziemlich verwirrend erscheinen mag, und wenn dem so ist, dann lasst all diese Überlegungen und Fragen beiseite, bis euer Geist dafür bereit ist. Es gibt Zeiten, in denen ich über diese Themen nicht sehr viele Informationen geben darf, weil es keinen großen Nutzen mit sich bringen würde, den menschlichen Verstand zu verwirren. In diesem Zusammenhang spielt es auch eine Rolle, dass ihr so viel von eurem Spirit-Leben hinter euch lasst, wenn ihr in dieses menschliche Leben eintretet.

Denkt daran, dass eure Fähigkeit, spirituelles Wissen aufzunehmen, in eurer physischen Gestalt begrenzt ist. Nehmt deshalb also immer nur das an, was euch verständlich und eingängig erscheint und was euch gute Dienste leistet, und lasst das beiseite, was euch nur verwirrt.

3. Wann beginnt Spirit seine Reise in die physische Welt – bei der Empfängnis, bei der Geburt?

Ist dir noch nicht bekannt, dass man in eurer modernen Zeit mit medizinischen Instrumenten das Leben des heranwachsenden Kindes im Mutterschoß messen kann? Die Abmachung für die menschliche Reise wird vor der Empfängnis getroffen, aber die Lebenskraft macht ihren ersten Kontakt mit den künftigen Eltern genau zum Zeitpunkt der Empfängnis.

Während des Geschlechtsakts strahlen alle körperlichen Wesen etwas ab, was man am besten als eine elektrische Emission umschreiben kann. Wenn der Augenblick passt, erlaubt diese elektrische Ausstrahlung dem darauf wartenden Bewusstsein, sich mit den chemischen und biologischen Substanzen der Eltern zu verbinden, sozusagen wie bei einer Fusion.

Es kann sein, dass es euch schwerfällt, euch vorzustellen, dass sich Leben in einer sehr viel feineren Essenz von Leben bildet, aber sie ist viel ähnlicher dem subtileren Seins-Zustand, in dem wir uns befinden.

Versuche dir einen Augenblock lang vorzustellen, wie der Wind aussehen würde, wenn du ihn mit deinen Augen sehen könntest. Versucht es, obwohl ihr in eurer Welt die Kraft der Luft, die sich bewegt, nicht sehen könnt. Ihr erkennt ihre Kraft meist nur, wenn sich der Wind durch etwas Festeres wie Gras oder Blätter bewegt oder über Wasser – aber euer Gesichtssinn kann den Wind selbst nicht sehen.

Was ich euch jetzt damit sage: Es gibt um euch herum aktive Kräfte und sogar chemische Prozesse, die in einer sehr viel subtileren Atmosphäre in jedem Moment eures Lebens wirken.

4. Gibt es einen Zeitpunkt, zu dem Bewusstsein sozusagen »eingeschaltet« wird? Falls ja, wann geschieht das?

Bewusstsein ist immer, wie du sagst, »eingeschaltet«. So, wie du die Frage stellst, scheint es, als ob du das Wesen dessen, wonach du fragst, noch immer nicht verstehst. Versuche zu bedenken, dass Bewusstsein immer aktiv ist, sich immer in Bewegung befindet und sich ständig verändert. Es geht immer weiter voran und dehnt sich laufend weiter aus.

Der Teil von dir, der jetzt bewusst ist, lässt sich nur mit einem Wassertropfen innerhalb eines riesigen Meeres vergleichen. Ein kleiner Wassertropfen kann nicht die Größe dessen begreifen, wovon es ein Teilchen ist. Genauso wenig kannst du die unermessliche Weite von Bewusstsein in seiner ganzen Ausdehnung und Größe erfassen, von dem du ein Teilchen bist.

In deiner Frage klingt es so, als ob du dich nach einem individuellen Bewusstsein erkundigst. Aber wie selbst das kleinste Teilchen eines Ozeans isoliert und als getrenntes Teilchen untersucht werden kann, bleibt es nichtsdestotrotz immer noch ein Teil eines grenzenlosen Ganzen, einer unermesslichen Quelle.

In eurer menschlichen Form neigt ihr dazu, alle Dinge aus einer individuellen Perspektive zu sehen. Aber wenn man so etwas wie Bewusstsein betrachtet, dann ist es schwierig, das aufzutrennen und zu zergliedern. Es ist eine Ganzheit, die aus unzähligen Komponenten besteht, von denen ihr jeweils nur eine einzige seid.

5. Was geschieht bei der Geburt, und wie fühlt es sich aus der Sicht der Geistigen Welt an, geboren zu werden?

Du möchtest auch wissen, wie es sich anfühlt. Das ist eine sehr persönliche Sache und es wäre sehr schwierig, hier eine zutreffende genaue Antwort zu geben. Aber wenn ich das allgemeiner beantworte, kann es dir und euch doch von Nutzen sein.

Versuche dir vorzustellen, dass Bewusstsein wie Luft ist. Wenn sich Luftpartikel miteinander verbinden, gibt es eine Reaktion, die zu Hitze führt oder Dampf erzeugt, und dann kommt es zu einer zunehmenden Verdichtung. Damit ist die Luft (das Bewusstsein in diesem Bild) nicht mehr so fein, nicht mehr so feinstofflich, und was zuvor frei war, sich auszudehnen, wird jetzt innerhalb einer festeren Struktur begrenzt und eingeengt.

Ab einem bestimmten Zeitpunkt kommt es in solchen Prozessen dazu, dass sich Flüssigkeit verfestigt und schließlich, im menschlichen Rahmen, in eine physische Gestalt in Form von menschlichen Zellen gelangt. Mit jeder weiteren chemischen Reaktion kondensiert der früher unbegrenzte Geist immer mehr und wird immer körperlicher.

Der Geist, der mit allem Wissen verbunden war, wird enger und vergisst seine eigene unermessliche Größe. Er fokussiert all seine Bemühungen darauf, ein Selbst in physischer Gestalt zu bilden. Wenn das menschliche Selbst dann das spirituelle Selbst entwickelt, wird es zu so etwas wie einem Lichtfaden, zu einer Lebensschnur zur formlosen Welt, in der es seine Reise begann.

Ihr habt vielleicht etwas von der Silberschnur gehört, von der Menschen berichten, die eine Nahtoderfahrung gemacht haben, und auf die ich auch ab und zu schon eingegangen bin. Diese »Schnur« ist die Quelle eurer spirituellen Energie und obwohl sie in der Welt der Menschen nicht als solche bemerkt wird, ist sie die Verbindung, über die sogar euer Bewusstsein jetzt genährt wird.

Was den individuellen Geburtsprozess angeht, kann ich nicht sagen, was jedes Kind während seiner Ankunft in die menschliche Welt erlebt. Ich erinnere mich noch nicht einmal daran, wie es sich angefühlt hat, als ich in meine letzte irdische Inkarnation gekommen war.

6. Gibt es jemals irgendwelche Zeitpunkte, in denen sich Menschen an ihr Spirit-Leben oder Nach-Leben erinnern, und falls es das gibt, warum geschieht das dann und welche Auswirkung hat das auf den Lebenssinn?

Es gibt Zeiten, in denen Erinnerungen aus einem früheren Leben in ein jetziges gebracht werden, aber in den meisten Fällen werden solche Erinnerungen im höheren Bewusstsein gespeichert, das in der Geistigen Welt immer präsent ist.

Wenn eine menschliche Inkarnation gelegentlich nicht gut beendet worden ist, oder wenn es zu viel Angst in einem bestimmten Leben gab, dann ist das Bewusstsein bestrebt, das zu verfeinern und zu versuchen, in der nächsten Inkarnation ähnliche Herausforderungen zu erfahren, um mehr Sinn zu erkennen und die Erfahrungen besser zu verstehen.

Es kann sein, dass ein Teil des Plans, den es sich selbst entworfen hat, darin besteht, sich an Momente von früher zu erinnern – als ein Hilfsmittel, um solchen Herausforderungen mit mehr Klarheit und Bestimmtheit zu begegnen und mit der Absicht, sie zu meistern.

Obwohl in der menschlichen Welt Erinnerungen an vorhergehende Leben von manchen als völlig unmöglich angesehen werden, fühlen sich solche Momente für die, die so etwas erleben, sehr wirklich und in manchen Fällen auch furchterregend an. Die Angst ergibt sich dann oft daraus, dass man ein Gespür für etwas hat, was dem menschlichen Verstand als nicht normal erscheint. Aber das ist dann auch Teil des Lebensplans eine solche Furcht zu fühlen.

Wenn das zutrifft, dann würden der Sinn und Zweck solcher Erinnerungen an Momente aus früheren Leben darin bestehen, dem menschlichen Selbst die Erkenntnis zu vermitteln, dass so etwas überhaupt möglich ist. Ihr werdet feststellen, dass diese Phänomene immer häufiger auftauchen, da sich eure Welt öffnet und in ihrer Evolution spiritueller wird.

7. Inkarnieren wir wirklich von einem Leben direkt zum nächsten oder gibt es eine Zeitspanne, die wir zwischen zwei Leben in der Geistigen Welt verbringen?

Es ist für euch schwierig zu begreifen, dass Zeit für Spirit keine Bedeutung besitzt, es sei denn, dass er in der menschlichen Welt »eingesperrt« ist, wo es einen Teil eurer Wahrnehmung bestimmt, die Dinge zu bemessen. Aber um diese Frage zu beantworten, will ich davon ausgehen, dass du weißt, dass ich weiß, was du meinst.

Zwischen zwei Leben gibt es einen Prozess, der ablaufen muss, damit eine neue Inkarnation stattfinden kann. Dieser Prozess vollzieht sich während dessen, was ihr wohl die Spanne oder Zwischenzeit zwischen zwei Leben nennt.

Ich nehme an, dass du, wenn du nach Zeit fragst, die Bemessung von menschlicher Lebenszeit meinst. Da muss ich mitteilen, dass es keine exakte Zeitspanne zwischen zwei Leben gibt, und es gibt auch keinen Grund dafür, dass es sie geben müsse.

Wenn ich dir sage, dass es Inkarnationen gibt, die innerhalb einer Sekunde eurer Zeit aufeinander folgen, während es andere Fälle gibt, wo es Tausende von Jahren eurer Zeit dauert, dann kann dir das eine gewisse Vorstellung davon vermitteln, wie unwichtig »Zeit« ist, wenn man von der Geistigen Welt spricht.

8. Auch wenn wir uns jetzt nicht an unsere früheren Leben erinnern oder an das Leben als Spirit, werden wir uns daran erinnern, wenn wir zu Spirit zurückkommen?

Ja, aber nicht auf die menschliche Weise des Erinnerns. Erinnerungen sind im menschlichen Gehirn wie kleine Botschaften, die flüchtig und kurz sind. Sie tauchen oft als Bilder auf, die ein Gefühl in dir auslösen, das sogar zu einer Emotion führen kann.

Es ist für den menschlichen Geist schwierig, an einer Erinnerung festzuhalten. Für Spirit sind Gedanken eine lebendige Energie und deshalb ist dein Spirit-Gedächtnis mehr so etwas wie eine Erfahrung von Einsicht. Jede Erinnerung kannst du dann in einem Augenblick unmittelbar spüren und verstehen, und sie wird dein ganzes Wesen aufwerten und mehren.

Dir wird dann auch die Fähigkeit gegeben sein, dich an alle Leben zu erinnern, die du geführt hast. Du kannst dann sogar, wenn es dir gestattet wird, die Erinnerungen von anderen Wesen aufnehmen, so wie du Zugang zu deinen eigenen hast.

Um es etwas anders auszudrücken: Du bist deine Erinnerungen und sie haben in der Geistigen Welt eine viel größere Bedeutung für dich, weil dort Gedanken so real sind, wie irdische Erfahrungen es hier für dich sind.

9. Was ist der Sinn und Zweck, verschiedene Leben zu führen?
Ich hätte angenommen, dass dir inzwischen ganz klar ist, dass jedes Leben einen wichtigen Anteil am Wachstum und der Entwicklung für dein Bewusstsein hat. Wenn es keinen Fortschritt in Erkenntnis und Bewusstheit gäbe, hätte sich dann die Menschheit überhaupt von ihrer niederen Natur weiterentwickelt, die bestenfalls unwissend und intuitiv war?

Wenn ihr das versteht, dann werdet ihr jetzt vielleicht begreifen, dass jede Lektion, die man lernt, dem Geist Informationen übermittelt und es ihm möglich macht, einen Wunsch nach Ausdehnung zu entfalten. Dieser spirituelle Wunsch nach Entwicklung führt dazu, dass das Bewusstsein immer weiter voranschreiten will, dass es sich immer mehr öffnen und ausdehnen will.

Andernfalls wäre es ja so, als ob ein Kind in diese Welt geboren würde, das keinerlei Wunsch nach Entwicklung hätte. Ein solches Kind würde immer nur Kind bleiben und würde ständig davon abhängen, dass seine Eltern es füttern und ihm Sachen bringen.

Aber tatsächlich tragen Kinder in sich den Drang, Dinge zu erforschen und zu wachsen. Und dieser Wunsch treibt sie an, auf das zuzugehen, was sie sehen, es berühren zu wollen und zu erfahren, wie es sich anfühlt, und so weiter.

Deshalb wird ein junges Bewusstsein genauso wie ein kleines Kind von demselben Wunsch nach Erfahrung angetrieben. Es möchte alles erfahren, was in seiner Reichweite ist, bis neue Dinge in dem Maß in sein Blickfeld gelangen, wie es in seiner Erkenntnis wächst. Ich hoffe, diese Antwort vermittelt dir ein besseres Verständnis vom spirituellen Wachstum durch irdische Erfahrungen.

10. Haben wir eine Wahl, nicht ins irdische Leben zurückzukommen, wenn wir dessen überdrüssig geworden sind und nicht mehr als menschliches Wesen leben wollen? Können wir einfach in der Geistigen Welt bleiben?

Du stellst diese Frage aus der menschlichen Sichtweise und als jemand, der mitten in diesem Leben steht. Aber wenn du jetzt in deinem Geistkörper sein könntest, würdest du die Frage ganz anders stellen. Erinnere dich daran, dass es vom Standpunkt von Spirit aus keine Zeit gibt.

Zeit erleben zu können ist schon etwas ganz Besonderes, aber noch mehr: Die Chance, all die verschiedenen Veränderungen zu erfahren und zu durchleben, wie man es als menschliches Wesen eben tut – das ist die größte Herausforderung von allen.

Da allerdings die Erfahrung nur so kurz andauert, kann man nicht alle Dinge in einem Leben schaffen, und deshalb entsteht der wachsende Wunsch von Spirit, ein Leben nach dem anderen in der physischen Existenz zu erfahren.

Es gibt jedoch einen Punkt, an dem sich das Bewusstsein für einen solchen Zustand von Leuchtkraft entwickeln und öffnen kann, dass es nicht mehr auf diese Ebenen zurückkommen muss. Es hat alles erfahren, was notwendig ist, um in einen Zustand zu gelangen, der jenseits aller Worte ist, mit denen ich versuchen könnte, ihn zu beschreiben. Kinder der Erde: Denkt daran, dass dieser Zustand jedem von euch zugänglich ist, und alles, was ihr tun müsst, um ihn zu erreichen, besteht darin, weiterzuwachsen und zu expandieren. Fahrt fort, euer Verstehen zu vertiefen und zu verfeinern und euer Bewusstsein durch jede Erfahrung mehr zu reinigen und zu klären, die ihr bei jeder eurer Reisen macht.

Rückschau

Wenn ich mir diese Fragen und Antworten aus der Geistigen Welt noch einmal durchlese, erinnert mich das daran, wie sicher meine Geistführer in ihren Antworten sind. Im Zusammenhang mit spirituellen Themen empfinde ich es immer als sehr erhebend, eine solche Sicherheit zu erfahren, da viele Leute doch oft ganz unentschlossen oder vage in ihrem Zugang zu diesen Themen sind. Ich und meine Arbeit als Medium erfahren viel Bestätigung und mein Vertrauen in meine Geistführer, das ich ohnehin habe, scheint sich dann noch einmal zu verdoppeln.

Gerade bei diesem Thema teilen sich die Meinungen der Menschen sehr, besonders dann, wenn Überlegungen zur Vorherbestimmung zu Fragen führen wie: »Teilen wir uns selbst schwierige Umstände und Dinge im Leben zu, und falls ja, warum?«

Es entspricht einfach nicht unserer menschlichen Konditionierung, dass wir für uns selbst planen würden, ein schwieriges Leben zu haben. Aber Meister Chi sagt, dass genau das es ist, was wir tatsächlich tun. Als er in einer Sitzung in London vor etlichen Jahren zu einer Gruppe sprach, fragte jemand, ob Menschen mit Behinderungen in diesem Leben für Dinge bestraft würden, die sie in früheren Leben begangen hätten. Seine Antwort war so, dass jeder Anwesende, auch der Fragesteller, die gesamte Thematik von Behinderungen und Lebensproblemen auf eine ganz andere Art und Weise zu sehen beginnen konnte.

Er wies zunächst darauf hin, dass wir uns eines klarmachen sollten: Gleich wie deformiert ein menschlicher Körper vielleicht sein könnte, der Spirit ist immer vollkommen. Dann fuhr er fort uns zu erzählen, dass es Zeiten gibt, in denen sich das Bewusstsein entschließt, solche Härten in der irdischen Welt auf sich zu nehmen, weil es in einem Leben so viel Karma wie nur möglich »verbrennen« bzw. abtragen will. So erzeugt es derartige Hindernisse und Erschwernisse, die ein ganzes Leben lang auszuhalten sind, weil ein solches Leben sehr viel mehr und größere Erleuchtung mit sich bringt als ein sicheres Durchschnittsleben.

Deshalb sollten wir Menschen mit Behinderungen und dergleichen mit großem Respekt betrachten, weil sie wirklich mutig sind und manchmal eher wir es sind, die man dafür bemitleiden sollte, dass sie sich ein sicheres Leben ausgesucht haben.

Seit ich diese Antwort gehört habe, blicke ich jeden Menschen, der Härten und Probleme auf seiner Reise durch dieses Leben erfährt, mit anderen Augen an. Die Antwort hat auch mein Bewusstsein für das geöffnet, was in meinem Leben wichtig ist. Ich stelle fest, dass ich andere weniger als früher bewerte, und ich bringe mehr Verständnis auf für meine eigenen Schwierigkeiten, die ich nun viel leichter akzeptieren kann und aus denen ich jetzt mehr lerne. Ich schaue auch mit anderen Augen auf meinen eigenen karmischen Kontostand und bin erstaunt oder wundere mich, wie viel ich in diesem Leben trage.

Karma und Wiedergeburt

Einführung

So vielen Menschen bin ich schon begegnet, die mit dem Begriff »Karma« umherwerfen und dabei doch kein echtes Verständnis zu haben scheinen, wenn sie dieses Wort verwenden. Als ich noch viel jünger war, dachte ich selbst, dass Karma eine Art von Strafe darstellen würde.

Aber eigentlich geht es ja mehr um das, was auf einen zurückfällt, als um eine Bestrafung, wenn wir von Karma sprechen. Und in der wahren Bedeutung des Begriffs kommt auch nicht nur »Schlechtes« auf uns zurück, sondern es gibt auch »gutes Karma«, das zu uns zurückkehrt, wenn wir gute Dinge tun.

Als junger Mann hatte ich ebenfalls Schwierigkeiten damit, Reinkarnation und Wiedergeburt irgendwie richtig zu verstehen, wenn es hieß, dass wir immer wieder und wieder leben und die Qualität dieser Leben damit zusammenhinge, wie wir unsere früheren Leben geführt hätten. In all den Jahren, die ich dieses Gebiet seither erforscht und studiert habe, war ich immer dafür offen, dass sich meine Ansichten und Überzeugungen im Hinblick auf diese beiden Themen verändern und dass sie wachsen konnten.

Ich kann ehrlich sagen, dass ich mithilfe der Antworten aus der geistigen Welt über Karma und Wiedergeburt sehr viel mehr erfuhr und erkannte, als durch irgendwelche anderen Mittel. Die Antworten von Chi und weiteren Geistführern, die sie von Spirit übermitteln, ergeben Sinn und sind ziemlich unkompliziert.

Fragen und Antworten

1. **Was ist Karma und wie funktioniert es?**

Du fragst nach Karma – das bedeutet einfach nur »Handlungen«. Jede Handlung, die ein Mensch ausführt oder in manchen Fällen auch unterlässt, trägt zu seiner karmischen Bilanz bei.

Du fragst auch, wie Karma funktioniert. Nun, es gäbe so viel in einem einzigen Leben zu erlernen, bevor jemand die Totalität von Karma auf allen Ebenen verstehen würde, dass ich eine erste, höchst einfache Lektion über die karmische Bilanz geben möchte.

Es ist eigentlich gar nicht so schwierig, die Grundlagen von Karma zu begreifen, wenn man zunächst erkennt, dass jeder die Verantwortung für die Handlungen hat, die er im Leben ausführt. Jeder Aktion, die ausgeführt wird, folgt eine Reaktion. Wenn du eine negative Handlung erzeugst, wird das Ergebnis wiederum eine negative Sache sein, die irgendwann zu dir zurückkommt. Genauso erzeugt eine positive Handlung einen guten Ertrag.

Das ist eigentlich einfach zu beherrschen, wenn du Meister bzw. Meisterin all dessen bist, was du denkst und tust. Wenn ein Lernender aber naiverweise glaubt, dass er das Opfer höherer Kräfte sei, dann ist es Zeit, Selbstbewusstheit zu praktizieren und die Lehren aus diesem ersten, sehr einfachen Prinzip zu ziehen.

2. Kann sich unser Karma auf unser nächstes Leben auswirken, sodass wir ein schlechteres Leben haben werden, wenn wir jetzt schlechtes Karma haben oder schaffen?

Es ist interessant, dass du diese Frage gleich nach der vorherigen stellst. Nehmt euch Zeit und versucht, das besser zu verstehen – das Wirken von Karma durch die Erfahrungen dieses Lebens. Es ist gut, dass du dir Gedanken machst über das, was auf dich zukommt, da solche Überlegungen dazu führen, die eigene geistige Einstellung so auszubilden, dass man in diesem Leben bessere Handlungen ausführt.

Alles was du in einem Leben tust, stellt eine Vorbereitung für die nächste Lebensbühne dar, auf die du gelangst. Aber dir persönlich möchte ich als eine Hilfe mit auf den Weg geben, dass du dich mehr darauf konzentrieren solltest, gute Handlungen in diesem Leben auszuführen und die Verantwortung zu übernehmen für alle früheren schlechten oder auch nur missverständlichen Handlungen, die du bewirkt hast. Dann brauchst du dir weniger Gedanken über das zu machen, was kommen wird.

Erinnert euch daran, dass es der Fluch des Unwissens ist, der das Licht der Wahrheit vor den Augen des Schülers verbirgt.

3. **Können wir mit unserem Karma auch zurückgehen oder zurückfallen, selbst dann, wenn wir in einem früheren Leben gut gewesen sind?**
Ja, die Verantwortung für jedes Leben liegt im Herzen des Selbst. Das ist der Grund, warum ihr, wenn das Bewusstsein wirklich erwacht, achtsam sein müsst. Das erwachte höhere Bewusstsein wird wie ein Elternteil für das niedere Selbst handeln, das wie ein Kind ist und von Bedürfnissen und Wünschen gesteuert wird und oft ganz natürlich aus einem Impuls des Verlangens handelt.

Wenn du erwachsen geworden und dich zu einer Haltung entwickelt hast, aus der heraus du absichtsvoll gute Handlungen ausführst, die stimmig für die jeweiligen Umstände sind, dann kommt deine Achtsamkeit aus einer höheren Betrachtungsweise heraus. Sie wird dir dann helfen, niedrigere Handlungsweisen zu vermeiden, die aufgrund des karmischen Gesetzes problematische Auswirkungen auf dein künftiges Leben hätten.

4. **Wenn wir schlimme Dinge tun, hat das einen Einfluss auf das Karma unseres Geistführers, weil er bzw. sie uns dann nicht richtig geführt hätte?**
Nein, die Verantwortung, die der Geistführer bzw. die Geistführerin übernommen hat, ist die eines »Aufsehers«, der den Überblick hat und bewahrt, aber nicht kontrollie-

ren oder eingreifen soll. Deshalb ist sein bzw. ihr Karma immer neutral.

Der Geistführer ist eine Manifestation des Geistes des Studierenden[6], bis er spirituell weit genug fortgeschritten ist, um ein echtes spirituelles Verständnis für die Vereinbarung zwischen ihm und dem Geistführer zu entwickeln.

Der Geistführer ist jenseits von Emotionen und wird deshalb nie aus eigenem Antrieb oder zur Erfüllung eigener Bedürfnisse handeln und seine Energie frei von jeglichen karmischen Verwicklungen halten.

5. Haben wir die Wahl, mit lieben Menschen auch in künftigen Leben wieder zusammen zu sein?

In manchen Fällen ja. Wirklich in der Lage zu sein, zu wählen und zu entscheiden, wo du in der physischen Welt wiedergeboren wirst, setzt voraus, dass du dein Bewusstsein vor deinem körperlichen Tod beherrschen konntest.

Aber es gibt Gruppen-»Bewusstseine«, die zusammen reisen und oft gemeinsam in die irdische und auch in die geistige Welt zurückkehren, allerdings nicht unbedingt in denselben Rollen, die sie vorher füreinander gespielt haben. So wirst du eher den Gedanken hegen, dass der betreffende Mensch auf dich wie ein Fremder wirkt. Es ist nichts Ungewöhnliches, dass die Einzelnen solcher Gruppen voneinander angezogen werden, um viele Male gemeinsame Lektionen zu meistern. Es geschieht sehr

---

6 In der englischen Vorlage taucht mehrfach der Begriff *student* auf; gemeint ist »spiritueller Sucher«. Ich übertrage mit »Studierender«, bisweilen auch mit »Lernender«. (Anm.d.Ü.)

viel mehr in dieser Hinsicht, als ich euch derzeit mitteilen kann.

6. Haben Länder oder Nationen Karma?

Ja, das haben sie tatsächlich. So wie es Gruppen von Menschen in dieser Welt gibt, deren Bewusstseinsreisen miteinander zusammenhängen, gibt es auch Gebiete, die das reisende Bewusstsein aufgrund früherer Handlungen und Ereignisse anziehen. Karma kann sogar auf Zeiten einwirken und gewisse Ansammlungen von Bewusstsein zu sich ziehen.

Ich lade euch gern ein, über diese Art von karmischer Anziehung nachzudenken, ohne allerdings ins Grübeln zu kommen oder euch darin zu verfangen.

Denkt daran, dass es zwar manche Dinge gibt, die euer eigener Geist bearbeiten und dessen Ergebnis er beeinflussen kann. Diese Art von Karma, über die wir hier sprechen – das Karma von Ländern oder Nationen – ist jedoch derzeit jenseits eures Einflusses. Wisst einfach, dass es dieses Karma gibt.

7. Können wir lernen, unser Karma zu kontrollieren und so ein besseres Leben für uns erschaffen?

Ab einem gewissen Punkt auf der Reise des Bewusstseins ist es deine Pflicht, Verantwortung für all das zu übernehmen, was du tust. Wenn diese Zeit kommt, wirst du deine karmische Bilanz zum Besseren wenden. Bereits die Tatsache, dass du darüber nachdenkst und diese Frage stellst, bedeutet, dass du schon damit angefangen hast. Das freut mich.

8. **Reinkarnieren Tiere und haben sie eine Möglichkeit, sich in der Geistigen Welt weiterzuentwickeln?**
Tiere sind fühlende Wesen, dieselbe Lebenskraft strömt durch sie hindurch wie durch euch alle. Wenn man sich das Tierreich ansieht, stellt man fest, dass es dort auch unterschiedliche Ebenen von Intelligenz und Verstehen gibt, ebenso wie in der Welt der Menschen.

Bedeutet das nicht, dass sie genau die gleiche Möglichkeit zur spirituellen Entwicklung besitzen wie Menschen? Denkt daran, dass es immer Bewusstsein ist, das sich fortentwickelt. Der Körper, den es annimmt, ist lediglich eine Manifestation all seiner früheren Handlungen.

9. **Kann sich unser Geistführer aussuchen, ob er wieder inkarnieren und damit aufhören möchte, ein Geistführer zu sein?**
Wenn wir an einen bestimmten Punkt von Erleuchtung gelangt sind, ist alles möglich. Aber wenn man eine Abmachung, wie die, jemandes Geistführer zu sein, spirituell eingegangen ist, ist man an sie gebunden.

10. **Gibt es je einen Punkt, von dem an man sich nicht mehr darum zu bemühen bräuchte, das eigene Karma zu verbessern?**
Der Zeitpunkt, ab dem kein weiterer Einsatz mehr notwendig ist, ist dann erreicht, wenn du nicht mehr bist. Selbst der stillste Gedanke des Selbst klingt durch das Sein und begründet Identität. Nur wenn das Selbst in allen Handlungen völlig still ist, erlischt alles Wollen und Bedürfen. Dann ist es möglich, nicht zu sein. Zu diesem Zeitpunkt wirkt Karma nicht mehr und es besteht nur noch Stille.

Rückschau

Im Vergleich zu allen anderen Themenbereichen in diesem Buch wurden Fragen zu Karma und Wiedergeburt am häufigsten gestellt. Es gab sehr viele persönliche Fragen, die man im Rahmen eines solches Buches nicht mitteilen kann, und die Antworten von Spirit darauf waren dann meist auch sehr persönlich und nicht für eine größere Gruppe oder gar die Allgemeinheit gedacht.

Es gibt aber eine Antwort in dieser Hinsicht, die ich dennoch mit Ihnen teilen möchte. Sie kam während einer Trance-Sitzung, die ich vor Kurzem in Deutschland durchführte. Die Frage wurde von einem jungen Mann gestellt, der noch nie zuvor eine Sitzung mit einem Trance-Medium miterlebt hatte. Er fragte nach seinen beiden kleinen Kindern, die, obwohl sie Zwillinge waren, nicht unterschiedlicher hätten sein können. Er wollte wissen, ob sie beide gemeinsames Karma hätten. Damit meinte er, ob sie in einem früheren Leben vielleicht etwas getan hätten, was sie nun als Zwillinge in diesem Leben zusammengeführt hätte. Er wollte auch wissen, ob einer der Zwillinge gut und der andere schlecht sei, weil sich das in ihrer Persönlichkeit und in ihrem Benehmen so darzustellen schien.

Chi sprach mit dem Mann und jeder hörte aufmerksam und gespannt zu, was übermittelt wurde. Er sagte, dass es auf dieser Erde immer eine karmische Verbindung bei Zwillingsgeburten oder Mehrfachgeburten gibt. Dass beide aber ein individuelles Bewusstsein sind und je einen individuell unterschiedlichen Weg vor sich hätten. Der Umstand, dass der Vater es so empfand, als ob der eine Zwilling gute Handlungen ausführe, während der andere schlechte zeige, hätte nichts mit der Vergangenheit zu tun, sondern mit dem Jetzt.

Er fuhr fort, dem Mann zu erklären, dass die Persönlichkeit der beiden Zwillinge ihre Individualität in diesem Leben unterstreichen würde, und was der Vater als gut und schlecht auffasse, mehr damit zu tun habe, dass der eine mehr Mut und Unerschrockenheit zeige, während der andere eher voller Sanftmut und Milde sei. Der Mann stimmte sofort zu, und ich glaube, dass die anderen Zuhörer das Bild eines dominanten und eines sehr passiven Kindes vor Augen hatten.

Aber der letzte Teil der Antwort brachte alle zum Lachen: Chi sagte dem Mann, dass seine Frau sehr dominant sei, und dass er, der Mann, in der Beziehung sehr viel weniger dominant wäre. Dann fragte Chi, ob die Kinder jeweils an einem Elternteil besonders hingen. Der Mann berichtete, dass seine Frau in ihrer Ehe tatsächlich die Hosen anhätte und die Dominante sei, und dass der Sohn, der mehr mit seiner Frau verbunden war, das dominante Kind sei, während die Tochter, von der er glaubte, dass sie das gute Kind sei, mehr mit ihm selbst verbunden schien.

Der letzte Teil der Botschaft von Chi lautete: »Es stimmt, wenn du sagst, dass sich eure Kinder aufgrund ihrer verschiedenen Persönlichkeiten immer deutlich unterscheiden werden. Aber erlaube ihnen, das selbst auszubilden.«

Über den Tod und das Sterben

Einführung

In Bezug auf die Frage nach dem Tod habe ich meine eigene Auffassung darüber, was passiert, wenn das Leben eines Menschen an sein Ende gelangt und der Spirit auf die andere Seite geht. Ich muss jedoch sagen, dass es viele Jahre gebraucht hat und Tausende von Botschaften aus der Geistigen Welt, um diese Einsichten zu gewinnen.

Ich denke zurück an die Zeit, als ich ein kleiner Junge war und keinen echten religiösen Hintergrund hatte. Weder mein Vater noch meine Mutter lebten nach einer religiösen Vorschrift oder Sitte, ich dachte nicht an das Nachleben oder Weiterleben nach dem Tod, und selbst »Gott« war etwas, wovon ich nur in der Schule etwas hörte. Als Kleinkind wurden mir Bibelgeschichten vorgelesen, und ich kann mich daran erinnern, dass es mir sehr schwer fiel, sie überhaupt aufzunehmen.

Zum ersten Mal, soweit ich mich erinnere, habe ich über das Nachleben nachgedacht, als mein Großvater starb. Ich war damals zehn Jahre alt und irgendetwas in mir wusste, dass er nicht wirklich tot war. Das mag nach unbedarften Gefühlen eines Kindes klingen, aber ich besaß schon damals eine gewisse Wahrnehmung davon, dass sich sein Spirit von Zeit zu Zeit um mich herum aufhielt. Kurz danach starb mein Cousin Steven, der in meinem Alter war, an Krebs. Obwohl ich über seinen Tod viel trauriger war, wusste ich doch zugleich, dass seine Lebenskraft nicht ausgelöscht worden war.

In jungen Jahren erlebte ich so viele Gelegenheiten, bei denen mich Spirits besuchten – entweder im Traum oder tatsächlich im Alltag in für mich sichtbarer Gestalt. Sie teilten mir immer etwas mit, was bald passieren würde, oder in manchen Fällen etwas, was schon geschehen war, wovon ich und meine Eltern aber noch nichts wussten.

Es waren diese Informationen, die sich immer als zutreffend herausstellten, die mich noch mehr in meiner Auffassung bestärkten, dass die sogenannten Toten in Wahrheit noch irgendwo existierten und dass sie das Leben jetzt besser übersehen und verstehen konnten, als wir es hier taten.

Seit meinen frühen zwanziger Jahren habe ich meine Gabe der Medialität systematisch weiter ausgebildet. Dadurch habe ich so viele Episoden im Zusammenhang mit der Geistigen Welt erfahren, dass es für mich mehr als nur reiner Glauben an ein Nachleben geworden ist. Ich würde heute vielmehr sagen: Ja, ich weiß, dass es Nachleben wirklich gibt.

Inzwischen stellen mir mehr Menschen, als ich je aufzählen könnte, Fragen zum Tod und dem Sterben und danach, wie es sein wird, wenn wir zum ersten Mal über die Schwelle gehen. Im Verlauf meines Erwachsenenlebens hat sich meine

Ansicht darüber, was beim Tod und beim Sterben geschieht, zwar aufgrund der verschiedenen Erfahrungen verändert, die ich machen konnte. Aber ungeachtet dieser Veränderungen bleibt eine Erkenntnis für mich unumstößlich bestehen: Nachleben ist real, wir werden weiterleben.

Ich meine indes, dass jeder Mensch seine individuelle Ansicht oder Wahrnehmung der Geistigen Welt auf seine ganz eigene Art erfahren wird, wenn er an den Punkt des Übertritts gelangt – in direkter Beziehung dazu, wie sehr sich sein Bewusstsein entwickelt hat.

Einfach schon das Wissen, dass der Tod nicht unser Ende ist, hat so viel Furcht aus meinem Leben fortgenommen. Und noch mehr, als nur meine Angst vor dem Sterben auszulöschen, hat mir dieses Wissen geholfen, meine Angst vor dem Leben fortzunehmen.

Im folgenden Kapitel haben meine Geistführer den Menschen Antworten auf ihre Fragen zu diesem Themenkreis gegeben, und ich bin selbst immer wieder über einige der Antworten überrascht.

Fragen und Antworten

1. **Reisen wir durch einen Tunnel, wenn wir sterben?**
   Es kommt dem menschlichen Geist so vor, als ob er mit hoher Geschwindigkeit reisen würde, wenn er den Körper zum ersten Mal verlässt. Das hat aber mehr mit der Erhöhung der Schwingung zu tun, die ein Gefühl der Beschleunigung bewirkt.

Man muss verstehen, dass der Geistkörper und der physische Körper mit ganz unterschiedlicher Frequenz schwingen. Wenn man das nicht geübt hat, die Schwingungsrate zu erhöhen, dann kann der Übergang von der physischen Ebene in die spirituelle ein Gefühl von schneller, brausender Bewegung erzeugen. Das wird jedoch von Mensch zu Mensch unterschiedlich sein und hängt oft auch vom Todesverlauf ab.

Wenn der Körper zum Beispiel langsam durch den Todesvorgang geht, erhält der Geist zahlreiche Gelegenheiten, den Körper zu verlassen und wieder zurückzukommen. Fast so wie ein Probeversuch, bevor die endgültige Trennung dann tatsächlich stattfindet. Unter solchen Umständen wird sich der Geistkörper darauf einstellen und man spürt weniger etwas von einer »Reise«.

In jenen Fällen aber, bei denen der Geistkörper den irdischen Körper plötzlich und abrupt verlässt, kann es zu einem Gefühl einer erhöhten Geschwindigkeit und einem Stoß oder einer Druckkraft kommen.

Gleich allerdings wie der Spirit den Körper nun verlässt, kommt es auf jeden Fall zu einem Augenblick von Licht, dem Klarheit und Heiterkeit folgen, und danach ergibt sich ein Zustand von Anmut und Gnade.

2. Warum haben manche Leute Nahtoderlebnisse? Sehen sie dabei wirklich die Geistige Welt?

In vielen Fällen erhalten Menschen einen flüchtigen Einblick in die Geistige Welt, wenn sie ihrem physischen Tod nahe sind. Wenn das geschieht, dann erleben sie tatsächlich einen Moment in ihrem Geistkörper, der es ihnen möglich macht, in die Welt von Spirit zu blicken.

Es gibt jedoch auch Menschen, die nicht die notwendige Schwingungserhöhung erreichen, damit sich ihre spirituellen Augen öffnen, und die dann einen Augenblick lang so etwas wie ein Nichts erfahren oder manchmal Dunkelheit oder verschwommene Visionen.

Das ist dann wie bei einem Baby, das zum ersten Mal seine Augen für die menschliche Welt öffnet und dabei noch nicht über die richtige Ausrichtung, die Fokussierung und Einstimmung verfügt, die erforderlich sind, um zu sehen, was vor ihm liegt.

Wenn ein Spirit zum rechten Moment in die Geistige Welt eintritt, ist immer jemand dort, um sich um diesen Geist zu kümmern und ihm zu helfen, sich auf die neue Ebene einzustellen. So wie sich die Eltern um das Neugeborene kümmern und es aufziehen, damit es sich in der ganz neuen Welt zurechtfindet.

3. Sind in der Geistigen Welt immer liebe Spirits da, um uns auf der anderen Seite zu helfen?

Ja, es gibt wirklich für jeden Spirit, der in die Geistige Welt kommt, eine Willkommensfeier von bekannten Spirits, die dem zurückkehrenden Neuankömmling helfen, sich an die Schwingung anzupassen, bis er ganz auf ihre neue Umgebung eingestimmt ist.

Der Geistführer ist ebenfalls immer da. Er weiß ganz genau, in welchem Augenblick ein Spirit zurückkehrt. Man ist dort also nie allein. Sogar jetzt, während du durch das Leben auf der Erde gehst, bist du nie allein. Dein Geistführer ist immer auf der spirituellen Ebene präsent und wacht über dich, auch wenn du das nicht bemerkst.

4. Wie schnell stellen wir uns auf die Geistige Welt ein und welche Veränderungen finden eigentlich statt?

Du stellst die Frage so, als ob es darum ginge, wie lange Zeit das dauert. Denkt aber daran, dass es in der Spirit-Welt keine Zeit gibt. Es hat mehr mit dem Zustand des Bewusstseins zu tun und mit der Dichte des Lichts um den Geistkörper herum – was du damit vergleichen kannst, dass manche Menschen Veränderungen in ihrem irdischen Leben voller Begeisterung annehmen, während andere sich dagegen sträuben und sich davon eher heimgesucht fühlen.

In der Geistigen Welt gibt es Heimkehrer, die bereit sind, zurückzukommen und die sich daran erinnern, wo sie sind. Sie fühlen sich angeregt und strahlen fast umgehend, während andere Hilfe und Unterstützung brauchen.

Damit meine ich die bloße Gegenwart eines anderen Spirits, der schon sehr viel höher schwingt und sich nun mit dem Neuankömmling insofern verbinden kann, als er es ihm möglich macht, sich in seiner höheren Frequenz zu »sonnen«, bis die Erkenntnis des Neuankömmlings darüber abgeschlossen ist, was sich durch seinem Übergang in die Geistige Welt ereignet hat. In diesem Moment wird der neu ankommende Spirit in Harmonie mit dem Helfer-Spirit gelangen, und eine neue Sichtweise und Klarheit wird sein Bewusstsein erfüllen.

5. Haben wir noch irgendeine Art von Körper, wenn wir den physischen Körper hinter uns lassen?

Du hast schon jetzt mehr Körper als du weißt. Wenn der menschliche Körper stirbt und der Geistkörper fortgeht, dann bleiben noch andere Körper, durch die der Spirit gehen muss. Das führt zu dem Eindruck des Bewusstseins, dass es eine Reise unternehmen würde, aber diese Reise, das sind in Wahrheit Durchgänge durch geistige Zustände oder Existenzzustände.

Denkt daran, dass ihr aus einer Existenz kommt, in der euer Körper eure Identität dargestellt hat. Deshalb dient es immer noch als eure beste Vorstellung von Identität, dass ihr in einer menschlichen Form seid, wenn ihr in die Geistige Welt eintretet.

Wenn man überlegt, dass das Bewusstsein die Idee des irdischen Körpers erzeugt hat, dann kann sich der Geist dasselbe Bild bewahren, bis er es nicht mehr braucht. Dieser Körper wäre dann aber mehr ein von Licht projizierter Körper denn ein dichter irdischer Körper.

Ich will euch an dieser Stelle sagen, dass die menschliche, begrenzte Auffassungsgabe viele Vorstellungen erschaffen hat, die sich allmählich auflösen bzw. die lichter und durchscheinender werden, wenn sie nicht mehr auf die Weise in ihrer dichten Form benötigt werden, wie es des irdischen Körpers in der physischen Welt bedurft hatte.

Erneut, auch hierbei kann man keine Zeitangabe machen, wie lange der Prozess der Durchlichtung irgendeines Aspektes solcher Vorstellungen durch das spirituelle Bewusstsein in der Geistigen Welt dauern wird. Jeder durchläuft diesen Prozess so, wie es für ihn richtig ist.

6. **Kann es geschehen, dass wir sofort wieder inkarnieren und gar nicht erst in die Geistige Welt einkehren?**

Gleichgültig, wie schnell der Prozess des Übergangs und des Wechsels von einem Leben zu einem anderen für den Einzelnen gehen mag, muss doch jedes Bewusstsein durch eine höhere, lichtvollere Schwingung in der Geistigen Welt gehen, damit eine neue Inkarnation stattfinden kann.

Es ist für dich wesentlich zu begreifen, dass zwischen zwei Leben die vorhergehende Inkarnation auf der irdischen Ebene in einem höheren Bewusstsein verarbeitet werden muss, das immer im Lichte der Geistigen Welt wohnt. Deshalb wird jeder Augenblick des Lebens aufgezeichnet und dem höheren Bewusstsein hinzugefügt, bevor es klar genug ist, um eine neue Essenz seiner selbst in die physische Welt auszusenden, um eine neue Inkarnation zu beginnen.

Ein Leben sollte in ein anderes nicht »nahtlos« übergehen oder direkt mit ihm zusammenhängen, weil es sonst Verwirrung und Unordnung in dem neuen Leben geben würde, das gerade Gestalt annimmt. Aber ich erinnere euch an dieser Stelle wieder daran, dass es in der Geistigen Welt keine Zeit gibt. Was dir vielleicht als der winzigste Bruchteil von Zeit erscheint, kann ausreichend für ein Bewusstsein sein, sich auf seine nächste Inkarnation einzustellen, wenn das Bedürfnis danach so stark und notwendig ist.

Es gibt so viele Ebenen von Inkarnation. Euch mehr auf einmal zu berichten, als ihr aufnehmen und akzeptieren könnt, würde dem gleichkommen, wenn man versuchen würde, einem Kleinkind die mathematischen Grundlagen des gesamten Universums beizubringen.

7. Bleiben manche Spirits zwischen den Welten stecken? Und falls es das gibt, wie würden sie wieder den Weg heraus finden?

Nein, Spirits bleiben nicht »zwischen den Welten stecken«, wie du es nennst. Was du meinst, ist vermutlich die Auflösung des Lebens, das man gerade hinter sich gelassen hat.

Als Erstes müsst ihr wissen, dass der Spirit in die Geistige Welt zurückkehrt. Der irdische Körper wird ein Gefühl einer Atmosphäre hinterlassen – für jene Leute in der menschlichen Welt, die sehr am Körper gehangen haben. Die Erinnerungen an das irdische Leben bleiben bei den trauernden Hinterbliebenen, die mit dem Menschen verbunden waren.

Dann gibt es einen Emotionalkörper, der ein ganzes emotionales Leben erschaffen und erfahren hat. In gewisser Hinsicht führt er fast so eine Art von Eigenleben. Und dieser Emotionalkörper bleibt oft dort stecken, wo er auf der irdischen Ebene gestorben ist. Die Rückstände dieses emotionalen Lebens können manchmal, wenn sie potent genug sind, einen Geister-Körper bilden. Das ist aber nichts anderes als eine Ansammlung von konzentrierten Emotionen aus dem bisherigen Leben.

Diesen Phantomkörper darf man aber nicht mit dem Spirit verwechseln. Der Geister-Körper, der da zurückbleibt, ist aus menschlichen Emotionen gebildet und besitzt keinerlei Verbindung zu dem Geist-Körper, der nach dem Tod frei von der physischen Welt ist.

8. Wird man augenblicklich geheilt, wenn man die Geistige Welt erreicht, oder gibt es eine Zeitspanne, die man durchlaufen muss, bevor man wieder »normal« ist?

Die Heilung des Geistkörpers besteht eher in einer Veränderung der Wahrnehmung als in der Art von Heilung, die ihr kennt, wenn der physische Körper nicht gesund ist.

Der Spirit, der als Helfer für den zurückkehrenden Spirit des soeben Verstorbenen fungiert, ist im Einklang mit der Umgebung, und einfach dadurch, dass der Neuankömmling diesem Spirit nahe ist, wird ihm geholfen, sich auf die Schwingung einzustellen, die dort vorherrscht.

Man könnte das mit dem Stimmen eines Musikinstruments vergleichen, das auf die richtige Tonlage eingestellt wird, um in Harmonie mit allen anderen Instrumenten des Orchesters zu spielen.

Wenn du mehr an Tonstimmung und Schwingung denkst als an die auf der Erde üblichen medizinischen Verfahren und Heilweisen, wirst du mehr von der Heilung von Spirit verstehen.

9. Können wir den Spirit von lieben Angehörigen und Freunden zurückhalten, wenn wir zu sehr um sie trauern, und würde sie das dann blockieren?

Kummer und Trauer sind ganz natürliche Reaktionen, wenn man auf der Erde einen geliebten Menschen verliert – aber: Nein, das wird den Spirit nicht aufhalten oder bewirken, dass er irgendwo steckenbleibt.

Wenn Trauer jedoch nicht richtig verstanden wird, kann sich das auf das Bewusstsein des Trauernden auswirken, weil er zu stark auf den Tod fixiert ist, bei dem er ja hilflos ist und an dem er nichts ändern kann. Und dieses Gefühl der Hilflosigkeit kann zu einer tiefen Verzweiflung oder Depression im Emotionalkörper des trauernden Menschen führen.

Wenn ein Mensch stirbt, dem du in der physischen Welt in Liebe verbunden bist, ist es normal, dass du mehr von diesem Leben und dieser Liebe haben möchtest, die ihr hier geteilt habt. Aber von den höheren, spirituelleren Ebenen aus betrachtet, ist der Verlust unter Umständen die entscheidende Prüfung, die dich über das begrenzte menschliche Denken hinaustragen und dein Bewusstsein für eine neue Wahrnehmung öffnen kann. Dann kannst du begreifen, dass die Liebe, die ihr hattet, überlebt und nach dem irdischen Verlust sogar fortlebt.

Für Spirit ist der Tod eine Befreiung aus der »Gefangenschaft« des begrenzten menschlichen Lebens, und obwohl du vielleicht Bande der Liebe mit anderen in diesem Leben geknüpft hast, wirst du bei deiner Rückkehr in deinen natürlichen spirituellen Zustand feststellen, dass ihr lediglich das erfahren habt, was ihr euch vor Beginn der menschlichen Inkarnation ausgewählt hattet.

Du wirst auch erkennen, dass der trauernde Hinterbliebene und der Spirit in der Geistigen Welt nicht getrennt sind, und dass ihr ab einem bestimmten Punkt in der Geistigen Welt wieder verbunden sein werdet, so wie ihr es wart, bevor ihr euch entschieden hattet, euch auf die Reise in die menschliche Existenz zu begeben, um Erfahrungen zu machen.

Und du wirst dann auch wissen, dass du deine Lieben, die noch auf der Erde sind, behüten und für sie da sein kannst, um ihnen zu helfen, wenn sie herüberkommen. Das wird dir und euch Trost durch das Verstehen bringen, dass ihr genau dort seid, wo ihr sein sollt. Und du realisierst, dass Bande der Liebe niemals zerrissen werden können.

10. Hilft es dem Spirit des Verstorbenen, sich auf der anderen Seite einzurichten, wenn wir für ihn beten?

Auf diese Frage gibt es eine zweigeteilte Antwort. Der erste Teil betrifft die Person, die dem Spirit des Verstorbenen Gebete und ihren guten Willen sendet. Durch die Einstimmung auf das Gebet erhebst du dein Bewusstsein auf eine höhere Stufe, und in diesem höheren Zustand bist du dem Geist des Verstorbenen näher, als du weißt. Das ist der Grund, warum sich Leute sehr oft besser fühlen, nachdem sie entweder von ihrem verstandesmäßigen Denken her oder aus dem Herzen ihres Seins Gebete gesendet haben, die in besondere ausgewählte Worte und gute Absichten gekleidet waren.

Denk einen Augenblick darüber nach, was du tust, wenn du eine höhere Macht bittest, wenn du irgendeine höhere Kraft anrufst, einem lieben Menschen zu helfen, vom dem du glaubst, dass er außerhalb deiner Reichweite sei.

Du übergibst den Geist dieser Person in die Hände dieser höheren Macht und vertraust darauf, dass sie helfen kann. Solche Handlungen oder Gedanken helfen, die Person zu heilen, die betet und sich Sorgen um jemand anderen macht – denn dabei handelt es sich um einen Akt des Mitgefühls, der nur dazu dient, allen Beteiligten zu helfen.

Damit wird also ein gutes Werk getan, ob du das erkennst oder nicht – aber doch wirst du irgendwie sehr wohl spüren, dass es Gutes bewirkt. Ich betone noch einmal, dass du – ob du nun erkennst, was du tust, oder nicht – in Wahrheit nach einer Form von Heilung auf einer höheren Ebene in dir selbst suchst.

Nun muss der zweite Teil der Frage beantwortet werden im Hinblick auf den Spirit des lieben Menschen, der nun in der Geistigen Welt ist. Der Geist des Verstorbenen wird deine Gebete sofort spüren und all das unmittelbar erkennen und wissen, was ich zuvor gesagt habe, weil Spirit das direkt erfährt und versteht. Wenn du also irgendeinen Heilungsprozess beginnst, wird das Spirit lichter und strahlender machen und ihm erlauben, auf der anderen Seite weiter zu wachsen.

Erinnert euch also daran, dass es eine gute Sache für den menschlichen Geist und den Verstand ist, ins Gebet zu gehen, wenn eure Lieben in die Geistige Welt hinübergehen, weil alle Beteiligten daraus Nutzen ziehen.

Rückschau

Zum Thema Tod sind meinem Geistführer Chi in all den Jahren unzählige Fragen gestellt worden. So viele waren sehr persönlich und haben vor allem dem Menschen etwas bedeutet, der die Frage an Chi gerichtet hatte. Dennoch meine ich, dass es Sinn macht, dass ich zwei an dieser Stelle erwähne, neben den für dieses Buch neu gestellten Fragen, die du bereits gelesen hast. Denn letztlich sind die Antworten auf diese beiden Fragen doch sehr universell und können Menschen helfen, die sich in ähnlichen Situationen befinden.

Die erste Frage, die mir sofort in den Sinn kommt, betrifft eine Frau Mitte Vierzig, die von Chi etwas über ihren Sohn wissen wollte, der vor Kurzem hinübergegangen war. Sie wollte wissen, wer jetzt bei ihm sei und ob er Frieden gefunden hätte.

Chi bewirkte, dass sich mein Körper aus dem Sitzen erhob, er ließ ihn auf die Frau zu gehen. Dann streckte er meine Hand zu ihr aus mit einer Geste, die sie aufforderte, auch aufzustehen und ihre Hand in meine zu legen.

Die Gruppe, die an dieser Trance-Sitzung teilnahm, war mucksmäuschenstill, und man spürte rundherum die faszinierte Erwartung im Hinblick auf das, was in diesem großen Saal nun wohl geschehen würde.

Chi sagte der Frau, dass ihr Sohn im Frieden war und dass er seine Handlungsweise bedauerte. Damit meinte er die Selbsttötung des Sohnes, die bis dahin noch mit keinem Wort erwähnt worden war. Chi beschrieb dann, wie sich der junge Mann am Ende seines irdischen Lebens gefühlt hatte und was ihn dahin getrieben hatte, einen solchen Akt auszuführen.

An diesem Punkt teilte Chi den Namen des Vaters der Frau mit und sagte, dass er gekommen sei, um seinen Enkelsohn am Ende seines Lebens in dieser Welt abzuholen. Chi teilte auch mit, dass die Frau genau um dieser Information willen in die Gruppe gekommen war und dass es aber noch eine andere Person in der Gruppe gäbe, deren Familie aus demselben Grund leiden würde, und dass seine Botschaft für die erste Frau deshalb sehr wichtig gewesen sei – damit beide Familien Trost daraus erhalten würden. Ich glaube, dass am Ende des Abends jeder Teilnehmer etwas aus Chis Worten mitnehmen konnte.

Die andere Botschaft betraf die Frage eines Vaters, der meinen Geistführer fragte, ob es seinem Sohn nicht kalt sein würde unter der Erde und ob Chi ihm wohl irgendeinen Beweis geben könnte, dass dem nicht so sei.

Chi sagte dem Herrn, dass sein Sohn sich nicht mehr unter der Erde befände und dass sein Spirit in seiner neuen Form alles andere als frieren würde. Er tadelte den Mann allerdings fast ein bisschen, als er ihm sagte, der möge doch aufhören, auf dem Grab seines Sohnes zu schlafen, da andere Angehörige ihn als Vater bräuchten und dass sich sein Sohn in der Geistigen Welt Sorgen um ihn und seine Gesundheit und sogar um sein Leben machte.

Als ich aus der Trance herauskam, sprach mich der Mann an und fragte, wie denn dieser Geistführer wissen konnte, dass er auf dem Grab seines Sohnes schlief. Ich konnte ihm nur versichern, dass ich selbst keinerlei Vorkenntnis von diesem Umstand hätte haben können und dass die Nachricht wirklich nur aus einer Quelle stammen konnte, und zwar von seinem Sohn, der jetzt in der Geistigen Welt war.

Ich finde es wichtig, auch solche Berichte mehr Leuten zugänglich zu machen, vor allem dann, wenn sie davon handeln, dass manche Menschen so von ihrem Kummer und ihrer Trauer ergriffen und niedergeschlagen sind, dass sie wegen des Verlustes eines lieben Menschen in ihrem eigenen Leben nicht mehr weiter vorangehen.

Es ist mir auch wichtig, darauf hinzuweisen, dass Chi in Trance-Sitzungen manchmal Hinweise und Zeugnisse übermittelt, welche die Sicht der Menschen über den Tod und das Sterben vollständig verändern. Ich selbst kann nur versichern, dass ich keinerlei Ahnung habe, wie und wohin sich eine Trance-Sitzung entwickelt. Ich weiß noch nicht einmal, ob überhaupt eine Trance-Sitzung stattfindet, denn Spirit entschließt sich manchmal, nicht zu kommen.

Psi-Phänomene und paranormale Ereignisse

Einführung

Es gibt so viele Dinge zwischen Himmel und Erde, von denen wir nichts wissen. Ich habe mein ganzes bisheriges Leben damit zugebracht, manche der seltsamen Geschehnisse zu verstehen, die sich in meinem Leben und in dem von anderen Menschen ereignet haben, um zu versuchen, Antworten oder Lösungen zu finden.

Ich glaube, mein Verstand scheint zu akzeptieren, dass ich nicht in der Lage sein werde, all diese Fragen in diesem Leben zu beantworten. Aber ich spüre, dass sie mich dazu angeregt haben nachzudenken, und ich gehe davon aus, dass es für andere Leute auch so ist.

Als Menschen haben wir noch viel zu lernen über die Vielschichtigkeit unseres menschlichen Verstands – vom spirituellen Bewusstsein und all dem, was damit zu tun hat, ganz zu schweigen.

Ich bin mir sicher, dass wir auf einige Dinge in diesem Leben gar keine Antworten erhalten sollen, und so müssen sie in der Schachtel mit dem Etikett »Unerklärlich« bleiben. Es gibt jedoch andere merkwürdige und paranormale Dinge, die deshalb passieren, um uns einen neuen Weg zu zeigen und unser Bewusstsein zu erweitern.

Wenn wir solche Phänomene ohne Angst in unserem Herzen wahrnehmen können, dann, so habe ich festgestellt, sind wir viel näher dran, sie zu verstehen. Und das hilft uns unter Umständen, phänomenale Veränderungen in unserem Leben und dem anderer Menschen zu bewerkstelligen.

In der Geschichte der Menschheit haben so viele Leute immer wieder bizarre Dinge gesehen, gehört und gefühlt, die es eigentlich nicht geben sollte. Es sind zu viele, als dass dies alles nur Zufälle gewesen sein könnten. Und es gab und gibt zu viele Personen, seit es Menschen auf diesem Planeten gibt, die Gaben und Fähigkeiten unter Beweis gestellt haben, welche der Logik und in manchen Fällen der Physik widersprechen.

Die Antworten in diesem Kapitel lese ich selbst immer wieder einmal gern, weil mein Geistführer darin deutlich macht, dass es in der Geistigen Welt nichts »Paranormales« gibt. Alles scheint dort als »normal« und möglich angenommen zu werden.

Fragen und Antworten

1. Warum haben manche Menschen besondere Gaben oder Fähigkeiten, um mediale Einblicke zu empfangen oder Heilungen zu bewirken?

So wie es Menschen mit einer natürlichen Begabung oder einem besonderen Geschick für Musik, Kunst, Naturwissenschaften oder Dichtung gibt, gibt es Menschen, die mit großer Feinfühligkeit und einer erhöhten Bewusstheit für Befindlichkeiten und Zustände des Lebens geboren werden, wie sie sich andere Leute noch nicht einmal einen Augenblick lang vorstellen können. Dasselbe gilt für Menschen, die natürliche Heiler sind und in diese Welt kommen, damit sich andere Menschen besser fühlen. Sie bringen ein erhöhtes und erwachtes Mitgefühl auf diese Erde mit.

Aber, lieber junger Freund, ich möchte dir und euch allen versichern, dass jedes menschliche Wesen die Gabe von Spirit oder von höherem Bewusstsein besitzt und sie auch findet, wenn es während des Lebens ernsthaft danach sucht. Manche Menschen entdecken ihre Gaben erst zum Ende ihres irdischen Lebens hin. Aber solche Talente sind immer schon vorhanden, auch wenn sie aufgrund von bestimmten Umständen oder Erfahrungen erst viel später an die sichtbare Oberfläche gelangen.

Hast du, junger Freund, deine wahre spirituelle Gabe für dieses Leben schon entdeckt?

»Nein, ich suche noch danach.«[7]

Ich weiß und ich darf dir sagen, dass du an der richtigen Stelle suchst. Aber vergiss nicht, auch das anzuschauen, was geradewegs vor deinen Augen liegt, denn sehr oft

7 Ab hier sind ab und an Rückfragen der Fragesteller mit im Text abgedruckt, um den Austausch mit Spirit beispielhaft deutlicher zu machen. Diese Einwürfe sind kursiv gesetzt. (Anm.d.Ü.)

richtest du deinen Blick auf etwas in weiter Entfernung und verpasst, was vor deiner Nase ist.

2. **Ist ein Poltergeist ein böser Geist, und warum kann es dieser Energie erlaubt sein, Menschen Angst einzujagen?**

Der Begriff, den du gebraucht hast, Poltergeist, bezieht sich auf einen lauten Geist, nicht wahr? Wenn das stimmt, dann haben wir sofort den Gedanken ausgelöst, dass es sich dabei um Spirit in irgendeiner Form handeln würde.

Der Geister-Körper oder die Überreste des Emotionalkörpers oder auch nur die »Flecken« von einem verzweifelten Menschenleben bilden das, was einem sogenannten Geist in diesem Sinne Gestalt gibt. Aber der Poltergeist, nach dem du fragst, stammt noch nicht einmal aus einer solchen Quelle.

Nein, die Energien, die Störungen verursachen und mit einem Poltergeist zusammenhängen, haben etwas mit einem verunsicherten Menschen zu tun, der tief in sich Furcht und Angst trägt, die seine Umwelt nicht als solche erkennt. Manchmal hat das auch mit einer nahestehenden Person zu tun, die ihr Leben verlassen hat. Die aufgestaute Frustration, Wut, Eifersucht oder sogar Hass erzeugen solche Phänomene. Leider könnt ihr kalte Wut, die tief in einem anderen Menschen steckt, nicht sehen. Sie ist nicht nur kalt, sondern sie wird bedrohlich und bösartig und kann dann auch sehr explosiv werden.

Verwechselt menschlichen Ärger nicht mit Wut, denn das sind ganz unterschiedliche Emotionen. Das, wovon ich gerade gesprochen habe, die kalte, unterdrückte Wut, kann austreten, dichter und ab einem bestimmten Punkt sogar physisch werden.

Anders gesagt: Wenn ihr daran glaubt, dass es im menschlichen Bewusstsein eine Kraft gibt, die lieben, heilen und durch Liebe helfen kann, dann kann das gleiche menschliche Bewusstsein und mit ebensolcher Kraft auch hassen, zerstören und schaden.

3. Ist es möglich, in die Zukunft zu sehen?

Es gibt Gelegenheiten, bei denen du vielleicht in die Zukunft blicken kannst. Es gibt verschiedene Arten, künftige Ereignisse wahrzunehmen. Du solltest zuerst zur Kenntnis nehmen, dass sich Zukunft in der menschlichen Welt immer in einem Zustand der Veränderung befindet. Deshalb kann sich nur dann, wenn völlig gesichert ist, dass ein Ereignis tatsächlich einem anderen folgt, ein »Zeitfenster« öffnen, durch das man diese Zukunft dann sieht.

Wenn man versucht, das Ergebnis von etwas vorherzusagen, was noch nicht sicher ist, wird die Vision, nach der man sucht, nicht erscheinen. Oder es tauchen Visionen einer Auswahl von auf chaotische Weise verschachtelten Ereignissen auf. Und daraus lässt sich dann keinerlei Bedeutung ablesen.

Wenn jemand einen flüchtigen Blick auf etwas in der Zukunft erhascht, dann ist das meistens eher zufällig als gezielt. Diese Art von Vision kann in einem Traumzustand auftauchen. Wenn du in einem solchen Zustand bist, dann befindet sich dein Bewusstsein zwischen den Welten – zwischen der Welt von Spirit, weil dein Geist dorthin zurückkehrt, wenn dein Körper schläft, und der irdischen Welt, in die du auch zurückkehrst.

In der Geistigen Welt gibt es keinerlei Zeit in irgendeiner Form, und in einem solchen zeitlosen Zustand kann man in alle Richtungen der Zeit blicken, in Vergangenheit, Gegenwart und Zukunft. Wenn das Bewusstsein dann in den menschlichen Alltag zurückkommt, kann es sich an einen kurzen Einblick in die Zukunft erinnern.

Es hat früher Menschen gegeben, und es gibt sie sogar heute noch, die in der Lage sind, veränderte Bewusstseinszustände zu erzeugen, die es ihnen möglich machen, in die Zukunft zu sehen. Sie können dann mit Informationen über künftige Dinge in das menschliche Bewusstsein zurückkommen – aber ihr geistiges Bewusstsein war in einem Zustand, in dem Zeit keine Rolle spielt.

Das ist ein guter Anlass für mich, über Zeit an sich zu sprechen. Ich will versuchen, auf knappste Weise zu erklären, wie Zeit und Dinge, die in der Zeit stattfinden, aus der Sicht von Spirit aussehen.

Vom Augenblick der Ankunft in dieser Welt seid ihr auf einer bestimmten Zeitschiene, die von der Sekunde der Entscheidung, eine menschliche Form anzunehmen, vorwärts führt. Während des Lebens müsst ihr Entscheidungen treffen, und jede Entscheidung bestimmt, welcher möglichen weiteren Zeitschiene euer Leben folgt.

Ihr zieht diese Sache einer anderen in eurem Leben vor, und das wird eure Richtung ändern. So wie ein Zug von einem Bahngleis auf ein anderes wechseln kann und damit seinen Zielort verändert, können sich wesentliche Entscheidungen während eurer Lebensreise darauf auswirken, welcher Zeitschiene ihr folgt und welche künftigen Ereignisse und Erfahrungen in eurem Leben auf euch zukommen. Das ist der Grund, warum ich vorhin gesagt habe, dass die Zukunft in der Welt der Menschen nicht feststeht.

Es gäbe noch viel mehr zu diesem Thema zu sagen, aber ich habe das Gefühl, dass dies alles jetzt erst mal verdaut werden muss.

4. Können sich Spirits in dieser Welt materialisieren, und wenn sie das können, wie machen sie das dann?

Ja. Das ist die einfache Antwort auf den ersten Teil deiner Frage. Was den zweiten Teil angeht, wie sie das schaffen, da werde ich versuchen, mich so klar wie möglich auszudrücken, da du mich ja bittest, etwas vom metaphysischen Blickwinkel her zu beschreiben, aber so, dass es für den menschlichen Verstand begreiflich ist.

Du solltest dir zunächst einmal klarmachen, dass alles Leben Energie ist und dass sie in einer Frequenz schwingt, die ihrer Realität entspricht. Wenn eine spirituelle Frequenz eine Million Mal pro Sekunde schwingt, könnte kein menschengemachtes Instrument dieser Erde das messen – und dennoch gibt es diese Schwingung. Keiner eurer Sinne ist dafür ausgerüstet, eine solche Energieform wahrzunehmen, aber das bedeutet noch lange nicht, dass es sie nicht gibt.

Wenn ein Spirit nun in die menschliche Welt kommen muss und in der Form seines früheren Selbst erscheinen will, muss er eine Möglichkeit finden, seine Frequenz herabzusetzen, und ein Bild von sich projizieren, wobei es sich dessen bedient, was ihr Telepathie nennen würdet.

Und dann braucht der Spirit auch eine dichtere Energie als seine eigene. Deshalb benutzt er einige der Teilchen dichterer Energie, die sich an seinem Zielort befinden, zum Beispiel von einem Umhang oder Mantel. Das ist auch der Grund, warum von Menschen, welche die Vision eines materialisierten Geistes gehabt haben, so häufig berichtet wird, dass die Luft um sie herum kalt geworden war. Sie haben Kälte gespürt, da viele der warmen Teilchen zusammengezogen wurden, um das Inbild zu formen. Auch Elemente des oder der Zeugen können dazu verwendet werden, eine Kraft aufzubauen, die dicht genug ist, um sich in einer Gestalt mit Ähnlichkeit an die frühere Identität des Spirits zu formen.

Diese Art von Erscheinung hat oft zur Folge, dass die Menschen, die dabei sind und das miterleben, sich ausgelaugt oder erschöpft fühlen, zumindest wenn so etwas nicht korrekt durchgeführt wird. Trance-Medien, die es zulassen, dass sie selbst für solche Phänomene gebraucht werden, fühlen am Ende ihrer Sitzung Müdigkeit und Benommenheit. Denn ihre körpereigenen Chemikalien wurden vom Spirit benutzt, um die Verbindung zwischen den beiden Welten herbeizuführen und zu kontrollieren.

Es kann auch eine Form von Austrocknung in und rund um den Körper herum auftreten, weil auch die Körperflüssigkeiten dazu benutzt werden, die Energie aufzubauen, die als verdichtete Substanz fungiert, um dem Spirit zu gestatten, sich in einer erkennbaren Gestalt zu zeigen.

Es gibt viele Gründe, warum Spirit diese Art von Medialität und Arbeit durch ein Medium jetzt nicht anwendet, aber das wäre eine weitere Frage für einen anderen Tag.

Also: Damit sich die beiden Welten begegnen können, müssen Energien aus der Umgebung, aus der Atmosphäre, aber auch von beteiligten Menschen eingesetzt werden, und die Schwingungsfrequenz von Spirit muss herabgesetzt werden. Das ist die einfache Antwort in Kurzform, aber ich versichere dir, dass dabei noch sehr viele andere Dinge eine Rolle spielen.

5. **Wenn Spirits, wenn Geistwesen so weit entwickelt und auch gut sind, warum haben die Leute dann Angst, wenn sie nur daran denken, sie könnten ein Geistwesen sehen?**

Das ist eine sehr gute Frage von meinem jungen Freund. Allerdings eine, auf die ich keine einfache Antwort parat habe. Das sage ich, weil die Menschen doch individuell sehr unterschiedlich sind, deshalb fällt es schwer, eine Antwort zu geben, die für alle passen würde. Und obwohl du diese Frage gestellt hast, spüre ich doch, dass hier im Raum etliche unter euch sind, die es sehr mögen würden, wenn sie ein Geistwesen sehen könnten, nicht wahr?

»Ja!« (Dies antworteten mehrere Anwesende gleichzeitig.)

Die Leute also, die sich eine solche Erscheinung wünschen, brauchen gar keine Antwort, weil Angst vor Spirit nicht mehr Teil ihres Bewusstseins ist. Und für jene, die sich davor fürchten, kann ich nur versichern: Solange auch nur ein Einziger da wäre, der Angst hat, würde es niemals zu einer derartigen Erscheinung kommen.

Denkt daran, dass die Geistige Welt den Menschen ja keinen Schrecken einjagen will. Nein, unser Wunsch ist es, den menschlichen Geist aufzuklären und Menschen auf Lösungen in ihrem Leben hinzuweisen, die ihnen dabei helfen, ihre Ängste zu überwinden.

Etwas lasst mich euch an diesem Punkt auch sagen, dass es vermutlich keine spirituelle Vision ist, die Furcht einflößt, sondern vielmehr eine Erinnerung an den Tod und die Unsicherheit, die er mit sich bringt. Das ist an einer solchen Erscheinung, wenn sie denn auftauchen sollte, für den menschlichen Verstand wirklich beängstigend.

6. Warum geschehen so viele paranormale Dinge in den frühen Morgenstunden? Ist das eine Zeit, in der Geister leichter in unsere Welt eintreten können?

Es steckt ein Stück Wahrheit in deiner Frage, in der Tat kann es zu bestimmten Zeiten leichter für Spirits sein, in eure Welt zu kommen. Aber das hat mehr mit euch zu tun und mit dem Umstand, dass ihr zu diesem Zeitpunkt in einem spirituelleren Zustand seid und deshalb die Geistige Welt oder jemanden aus der Geistigen Welt leichter wahrnehmen könnt.

Vielleicht ist dir noch gar nicht so klar, dass Spirit dir immer nahe ist, und du einfach noch nicht die Fähigkeit hast, uns zu spüren. Wenn dein Verstand also aufgrund von Müdigkeit von dieser Welt abschaltet, dann trittst du tatsächlich in eine Zwischenebene ein.

Denke nun einmal darüber nach, was ich gesagt habe, und überlege die Möglichkeit, dass es nicht Spirit ist, der dir erscheint, sondern dass du es bist, der Spirit erscheint. Kannst du dir den Schrecken vorstellen, den ein Geistwesen bekommen würde, wenn es plötzlich ein menschliches Wesen aus dem Nirgendwo her auftauchen sieht?

(Viele Anwesende lachten, weil sie begriffen, dass mein Geistführer einen Sinn für Humor hat und sich einen Spaß mit ihnen erlaubte.)

Auch nach dem Tod bewahren wir uns unseren Sinn für Humor, wie ihr seht, meine Freunde. Wenn wir bemerken, dass ihr in einem feineren Bewusstseinszustand seid, wie es im Schlaf der Fall ist oder kurz bevor ihr einschlaft oder kurz nachdem ihr aufwacht – wenn sich die beiden Welten in diesen Zeiten also näher sind –, dann können mehr dieser Phänomene auftauchen. Du musst nur beobachten, zu welcher Tages- oder Nachtzeit die meisten Menschen am Ende ihres menschlichen Lebens in die Geistige Welt zurückkehren – und du wirst feststellen, dass dies oft in den frühen Morgenstunden geschieht.

Es gibt noch weitere erwähnenswerte Aspekte im Hinblick auf die Umstände, die durch die Stille zu diesen Tageszeiten erzeugt werden – zum Beispiel dass die Atmosphäre in der Menschenwelt in dieser Zeit ganz anders ist als in den üblichen Wachstunden des Tages. Aber was deine Frage angeht, meine ich, dass die Antwort ausreichen wird.

7. Gibt es auf anderen Planeten im Universum Formen von Leben?

Selbstverständlich gibt es im Universum andere Lebensformen. Es wäre völlig verfehlt anzunehmen, dass in einem

Universum von dieser Unermesslichkeit, das so total von lebensspendenden Elementen erfüllt ist, sich nur auf einem einzigen Planeten Leben entwickeln könnte. Denkt daran, dass der Planet, auf dem ihr lebt, lebendig ist, und es dieser Planet ist, der euch mit allem erhält, was er an lebensspendenden Elementen bietet.

Oder ist deine Frage mehr auf die Existenz von höherentwickelten Wesen gerichtet, die mit Lichtgeschwindigkeit und noch schneller reisen, und so fort?

»Ja, Chi, das habe ich gemeint. Ich bin sicher, dass du Recht hast, wenn du sagst, dass es da draußen anderes Leben in allen möglichen Formen und Gestalten gibt. Aber ich möchte mehr über Außerirdische erfahren, wenn du weißt, was ich meine?«

Junger Herr, ich bin mir sicher, dass noch nicht einmal du weißt, was du meinst. Aber ich will versuchen, das zu beschreiben, was ich von solchen Lebensformen weiß.

Es gibt einen Grund dafür, warum ihr nur bestimmte Dinge erfahren dürft, während ihr durch eure menschliche Existenz geht. Versucht einmal, euch einen Augenblick lang vorzustellen, wie weit entwickelt eine Spezies sein müsste, damit sie durch die Milchstraßen und das ganze Universum reisen könnte. Wenn sich eine Spezies zu einem solchen Bewusstsein erhoben hätte, das voller Wissen und technischer Möglichkeiten wäre, dann hätte sie sich auch weit über das hinaus entwickelt, was den Begrenzungen entspricht, die dem eingeengten menschlichen Verstand zu eigen sind. Und eine derartige Entwicklung würde auch eine spirituelle Evolution mit sich bringen.

Ich versuche zu vermitteln, dass eine so hoch entwickelte Spezies sich dessen bewusst wäre, nichts zu tun, was das Gleichgewicht auf der Erde stören würde und all die Lebensformen, die sie erhält. Denkt euch die weiterentwickelten Wesen also mehr als Hüter und Beobachter, als eure älteren Geschwister, wenn ihr so wollt.

8. Wenn es in allen Ecken und Enden des Universums andere Lebensformen gibt, besitzen die dann auch ihre eigene Art von Nachleben?

Alles Leben, das einen Anfang und ein Ende hat, kehrt in dieselbe Geistige Welt zurück. Denk daran, dass der Tod nur das physische Leben betrifft. Ich betone das, weil eben nur die begrenzten physischen Lebensformen einen Tod erfahren.

Der Spirit bzw. die subtile, feinstoffliche Lebenskraft existierte vor der menschlichen Episode, sie besteht jetzt und sie wird danach weiter existieren. Dasselbe gilt für alles andere Leben, das sich für eine gewisse Zeit in einer dichteren, festeren Form manifestiert hat. Erinnert euch daran, dass alles, was einmal in die Zeit eintritt, eines Tages auch wieder aus ihr heraustreten wird.

Wenn ihr an die Geistige Welt denkt, versucht, keine Einschränkungen oder Begrenzungen damit in Verbindung zu bringen. Das Sein außerhalb von Zeit ist grenzenlos, und in eurem jetzigen Zustand könnt ihr das nicht erfassen. Bemüht euch aber immer darum, eure Grenzen auszudehnen, die auf eurer Reise zurück in die Erleuchtung auftreten.

Ich möchte kurz innehalten und dir für diese Frage ausdrücklich danken. Sie wurde mir bisher nie gestellt.

9. Sind die Wunder, die in der Bibel erzählt werden, tatsächlich geschehen, und falls ja, wie kann man so etwas bewerkstelligen?

Solche Phänomene sind nicht unmöglich, wenn du ein erweitertes Bewusstsein besitzt. Es hat in der physischen Welt schon viele Wunder gegeben. Aber wenn sich eine solche Macht über die Natur ergibt, darf sie nicht zur Überlegenheit oder zum Vorrang von einer Person über andere Menschen missbraucht werden.

Nein, solche Wunder geschehen, um die Aufmerksamkeit der Menschen auf etwas viel Größeres zu lenken, und das ist die spirituelle Kraft dahinter. Wenn die Natur auf eine solche Weise gebeugt werden kann, und man zurückdenkt an die Zeit auf der Erde, als die biblischen Wunder passierten – dann hat das damals doch alles überstiegen, was sich Menschen überhaupt vorstellen konnten, nicht wahr?

Frage dich auch selbst, ob es Nachwirkungen gab, die noch andauerten, als die sogenannten Wunder längst Vergangenheit waren. Wenn du meinst, es gab diese Nachwirkungen, dann vielleicht deshalb, weil solche tief greifenden Ereignisse aufgrund ihres innersten Wesens Spuren hinterließen, die durch die Zeit reisen und wirken, lange nachdem sie geschahen. Sprechen die Leute nicht auch heute noch von ihnen?

In Bezug auf jede Frage über einen Glauben lade ich euch ein, eure eigenen Entscheidungen zu finden. Es ist nicht meine Aufgabe, euch dazu zu veranlassen, an etwas zu glauben oder an etwas nicht zu glauben. Ich kann Hinweise geben und Fragen beantworten, aber nicht euer Denken kontrollieren oder gar manipulieren.

Es reicht also, dass du erkennst, dass die Natur von jemandem beeinflusst und »gebeugt« werden kann, der sein eigenes Bewusstsein gemeistert hat und der die Wirkungsweise der Natur versteht. Aber wenn solche Menschen das tun, dann nur um zu zeigen, dass nicht alles in der materiellen Welt immer genauso ist oder sein muss, wie es den Anschein hat.

10. Können wir lernen, einige dieser Fähigkeiten zu entwickeln? Und wie gehen wir dabei am besten vor?

Jeden, der die Gaben einer höheren Natur entwickeln möchte, möchte ich daran erinnern, dass man zuerst versuchen sollte, die Bewusstheit des eigenen Selbst zu entwickeln.

Es gibt zahlreiche Menschen, die in eure Welt mit Talenten einer höheren bzw. paranormalen Natur hineingeboren werden. Manche von ihnen wollen sie nicht anwenden und sie auch nicht weiter erforschen und ausbilden. Das ist selbstverständlich ihre eigene freie Entscheidung. Andere stellen ihre höheren Fähigkeiten zur Schau, um Ansehen und Ruhm zu gewinnen und als jemand Besonderer anerkannt zu werden, um gemocht und sogar geliebt und von anderen verehrt zu werden.

Das Talent spielt hier keine Schlüsselrolle. Vielmehr geht es um denjenigen, der die Gabe benutzt – er oder sie muss sich entwickeln, um die Gabe richtig zu verwenden, sowohl mit Mitgefühl als auch mit Weisheit.

Wenn du dich auf eine lange Reise begeben willst, die damit zu tun hat, das Selbst zu entdecken – und das heißt auch, das Gute und das Schlechte in dir selbst, das Richtige und das Falsche im eigenen Leben zu entdecken – wenn du das willst, dann: Ja, du kannst die Fähigkeiten, von denen du sprichst, entwickeln.

Du solltest voranschreiten und dich selbst entwickeln, dann werden sich die in dir angelegten Fähigkeiten von Spirit mitentwickeln. Denke daran, dass eine Gabe ohne Mitgefühl nur ein Trick ist, und wenn er keine Weisheit lebt, dann ist der talentierte Mensch nicht mehr als ein Novize in seinem Handwerk.

Euch allen sage ich dies: Wenn es um spirituelle Gaben geht, drängt nicht hastig darauf, sie zu erwerben. Nein, es ist besser, wenn ihr an euch selbst als einer Person arbeitet, die eines Tages würdig ist, solche lebensverändernden Fähigkeiten anzuwenden.

Rückschau

Mein Geistführer wird in den Trance-Sitzungen immer wieder nach Psi-Phänomenen und paranormalen Ereignissen befragt. Ich habe in meinem eigenen Leben so viele derartige Geschehnisse erfahren, dass sich meine Sicht vom Wesen der Dinge in dieser Welt grundlegend gewandelt hat. Aber ich meine, dass unter all den Dingen, die ich gesehen, gehört oder erlebt habe, eine Sache ganz besonders herausragt. Davon möchte ich jetzt kurz berichten.

Ich war damals so Mitte Zwanzig und erst in einem frühen Stadium meiner medialen Entwicklung, als das Ereignis stattfand. In der Straße, in der ich lebte, passierte etwas sehr Trauriges und Tragisches: Eine Frau wollte die Fahrbahn überqueren, wurde von einem Auto erfasst und getötet. Es war eines jener Ereignisse, die eine ganze Nachbarschaft völlig schockieren, wie man sich leicht vorstellen kann.

Das, was mich völlig umwarf, geschah am Tag nach der Beerdigung dieser Frau. Sie hatte einen Mann und zwei kleine Kinder im Alter von sieben und neun Jahren hinterlassen. Ich war ganz schockiert, als es an meiner Haustür klopfte, beide vor mir standen und mich baten, so schnell wie möglich zu ihrem Vater zu kommen.

Ohne nachzudenken folgte ich den Kindern, als sie zu ihrem Haus zurückliefen. Ich öffnete die Tür ihrer Wohnung und sah nicht nur ihren Vater, sondern mehrere andere Nachbarn, die sich im Wohnzimmer am Ende des Gangs versammelt hatten, durch den ich gerade hereingekommen war.

Ich wollte gerade fragen, was denn so dringend sei, als der Vater alle aufforderte, still zu sein und zuzuhören: Es würde wieder passieren. Ich war nicht der Einzige, der verdutzt umherblickte. Das wurde mir schnell klar, als ich mir die kleine Gruppe im Wohnzimmer so ansah.

Von absolut nirgendwoher kamen eine Reihe von gedämpften Schlägen, die uns alle in jede Richtung schauen und suchen ließ. Und dann wehte wie bei einem Zaubertrick eine sehr machtvolle Kraft wie ein warmer Wind durch das Zimmer, und der Teppich, auf dem wir alle standen, wurde zwei bis drei Fuß in die Höhe gehoben. Man könnte denken, dass wir verschreckt gewesen wären, aber das war nicht der Fall. Jeder Einzelne spürte ein überwältigendes Gefühl von Freude, als sich diese machtvolle Kraft um uns herum, unterhalb von uns und durch uns hindurch bewegte – alles gleichzeitig.

Alle schauten mich an, als ob ich das Geschehen erklären sollte. Denn ich war damals zwar noch nicht als Medium bekannt, aber viele meiner Nachbarn nahmen an den Treffen der spiritualistischen Kirche teil, und das war auch der Grund gewesen, warum man die Kinder nach mir geschickt hatte. Die Nachbarn hofften, dass ich ihnen eine Erklärung bieten könnte.

Die Erscheinung stoppte und jemand fragte einfach: »Was ist gerade passiert?« Die Kinder lachten und alle anderen lächelten zumindest. Etwas in mir sagte mir, dass es sich um die Anwesenheit der Mutter handeln musste, und ich richtete mein Bewusstsein darauf aus, ohne den anderen etwas davon zu sagen.

Ich fühlte sofort die Anwesenheit der Frau und erhielt eine Botschaft für ihren Mann und ihre Kinder, die ich damals nicht öffentlich vor den Nachbarn aussprechen mochte. Ich war ja als Medium noch ein Anfänger.

Die Erscheinung wiederholte sich noch einige Male, bevor die Nachbarn wieder fortgingen und ich eine Gelegenheit fand, mit der Familie allein zu sprechen. Ich sagte ihnen, dass ich gespürt hatte, dass die Mutter versuchte, die Familie wissen zu lassen, dass sie bei ihnen und dass sie in Frieden sei. Sie hatte bemerken können, dass ihre Ausstrahlung alle, auch die

Kinder, glücklich machte. Von dem Augenblick an, als ich diese Botschaft weitergegeben hatte, hörten die Phänomene auf und tauchten auch nie wieder auf.

Einige Jahre später war ich in meinem Zirkel zu Hause und bat eine der Anwesenden, meinen Geistführer Chi nach diesem Ereignis zu befragen, da ich selbst dann ja in Trance sein würde. Ich wollte jedoch gern wissen, was Spirit zu solchen Phänomenen zu sagen weiß.

Seine Antwort war sehr einfach, und ich bin sicher, dass sie absolut korrekt ist: »Was ist so bemerkenswert daran, dass eine Mutter zu den von ihr geliebten Menschen zurückkommen möchte? Warum sollte sie nicht ihre Kinder spüren lassen, dass sie bei ihnen ist? Warum sollte sie nicht darauf hinwirken, dass sie glücklich sind und sich sicher fühlen? Die Kraft, von der Gordon berichtet hat, dass er sie hatte fühlen können, war schlicht die Liebe einer Mutter. Wenn Liebe beteiligt ist, dann kann alles geschehen und alles in Bewegung gebracht werden.«

Ich wollte dieses Erlebnis mit Ihnen teilen, weil so viele Leute glauben, dass paranormale Phänomene negativ seien. Nach meiner Erfahrung stimmt das einfach nicht.

Geistführer, Engel und Aufgestiegene Meister

Einführung

Mehr und mehr Menschen, denen ich auf meinen Reisen begegne und für die ich als Medium arbeite, wollen wissen, ob sie einen Geistführer haben oder eine Art Engel, der sie von oben begleitet. Es scheint eine ganz neue Welle von Menschen zu geben, die für die Vorstellung offen sind, dass sie eine Verbindung zur höheren Welt haben, und es gibt ja auch genügend Lehren und Bücher über diese Thematik. Offensichtlich möchte das Individuum einen persönlichen spirituellen Lehrer haben, der ihn oder sie auf der Reise führt.

Es ist schön und recht und sogar ganz romantisch zu glauben, dass man einen Führer oder einen Engel ganz für sich allein hätte. Sie müssen aber daran denken, dass die Verbindung zu höheren Geistwesen keineswegs so einfach herzustellen ist.

Ich selbst habe mich mithilfe von besonderen Meditationsübungen nunmehr sechsundzwanzig Jahre lang stetig weiterentwickelt, und obwohl ich inzwischen eine Verbindung zwischen den beiden Welten »geschmiedet« habe, ist das ja nicht über Nacht passiert. Nein, es mussten viele Dinge in meinem Gemüt und meinem Verstand, in meinem Geist und meinem Leben umgeschichtet und verändert werden, bevor ich überhaupt einen solchen Kontakt herstellen konnte. Und noch sehr viel mehr musste geschehen, bevor ich die Verbindung zu meinem Geistführer auch nur beginnen konnte zu verstehen.

Ich glaube, dass die meisten Fragesteller, die sich nach Aufgestiegenen Meistern erkundigen, nur eine Art von Idee haben, rein gedanklich, und das ist ja auch in Ordnung. Aber es gibt auch jene Menschen, natürlich nicht so viele, die ernsthaft daran interessiert sind, eine vertiefte Verbindung zu ihrem Geistführer aufzubauen und die wirklich ihre eigene spirituelle Schwingung erhöhen möchten. Das sind engagierte spirituelle Studierende, die nach echten Erfahrungen streben, die zu einer eigenen Wirklichkeit werden.

Wenn ich eine Trance-Sitzung gebe und mein Geistführer Chi sich meldet, ist es unvermeidlich, dass die Anwesenden ihm Fragen über Aufgestiegene Meister, Führer und Engel stellen. In vielen Fällen sind sie mit den Antworten zufrieden, die sie erhalten. Manchmal können die direkten Worte von Chi jedoch den Blick einer Person auf das ganze Thema völlig verändern und die Grundlagen ihres bisherigen Denkens verrücken. Durch die Antworten im folgenden Abschnitt wurden viele Auffassungen sehr stark verändert.

Fragen und Antworten

1. **Gibt es so etwas wie Engel, und falls ja, wie würdest du sie beschreiben?**

Was du einen Engel nennst, bezieht sich vermutlich auf ein großes, menschenähnliches Wesen, das weiß gekleidet ist, Flügel am Rücken trägt und aus den Höhen herabkommt, umhüllt von einem himmlischen Licht, nicht wahr?

»Ja, das meinte ich.«

Gut, dann lass mich zunächst einmal erklären, dass diese bildliche Vorstellung entstanden ist, weil ein Mensch mit seinem gesprochenen Wort einem anderen Menschen etwas beschrieben hat. Seine Beschreibung war seine Interpretation von etwas, was er als ein spirituelles Erlebnis erfahren hatte: die Gegenwart einen hohen Geistwesens, der ihm eine Botschaft aus der höheren Welt überbracht hatte.

Der Zuhörer, dem er davon erzählte und der sich von diesem Bericht innerlich bewegt fühlte, malte sich sein eigenes Bild aus und gab dies dann als Beschreibung weiter, als er die Erfahrung des ersten Menschen anderen Leuten erzählte. Und so ging das immer weiter ... Als diese Vorstellung in Gestalt von gemalten Bildern in eure Welt gelangte, wurde sie zu einem Standard und einem allgemein akzeptierten Entwurf und Vorbild dafür, wie höhere, spirituellere Lichtwesen auszusehen hätten.

Ich möchte dich jedoch darauf hinweisen, dass es auch andere Beschreibungen von Lichtwesen im Verlaufe der Reise der Menschheit gegeben hat, die aber nie aufgezeichnet oder gemalt wurden, weil sie nämlich formlos waren.

Der Mensch, der davon berichtete, konnte gar keine Worte finden, um sie als Form oder Gestalt oder auf irgendeine andere Weise zu beschreiben. Die überwältigende machtvolle Ausstrahlung des Lichtwesens ließ denjenigen, der sie erlebte, sprachlos zurück. Und doch könnte man beide Erfahrungen ihrem Wesen nach als Erscheinungen von Engeln in dieser Welt bezeichnen.

Rufe dir schließlich auch in Erinnerung, dass das Wort oder der Name »Engel« von Menschen geschaffen wurde, und dass es für solche hoch entwickelten reinen Wesen eigentlich gar keine Worte gibt. Der Mensch hat den Engel also nach seiner Weise selbst erschaffen, um damit umgehen zu können.

Der zweite Teil deiner Frage war, wie ich einen Engel beschreiben würde. Nun, ich würde es gar nicht versuchen. Wenn man etwas umschreiben sollte, was an sich ganz klar ist, dann würde das nur dazu führen, dass man dessen Reinheit vermindert. Sicher hat es Menschen gegeben, die ein hoch entwickeltes spirituelles Wesen gesehen haben, einen Geistführer, und die das dann als einen »Engel vom Himmel« beschrieben haben.

Du musst also verstehen, dass die Wahrheit dessen, was sich tatsächlich ereignet hat, wenn ein menschliches Bewusstsein offen für irgendeine spirituelle Erscheinung ist, verloren gehen kann oder bei der Übertragung der Erfahrung in menschliche Worte vermenschlicht werden kann.

Ich weiß, dass es geistige Ebenen gibt, die so rein und jenseits meines eigenen Begreifens sind, dass sie dort auch bleiben werden, bis ich selbst in ihre Schwingung aufgestiegen bin.

Es gibt so viele Möglichkeiten, auf diese Frage einzugehen, aber ich möchte es jetzt damit bewenden lassen. Du musst erst einmal aufnehmen und verarbeiten, was ich gesagt habe, und wenn du die Antwort verstehst, die ich dir gerade angeboten habe, dann kannst du sie vielleicht von einem höheren Standpunkt aus betrachten. Lieber junger Freund, mach einen Schritt nach dem anderen. Versuche nicht, die Himmel zu begreifen, wenn du noch nicht einmal dich selbst verstanden hast.

2. Hat jeder Mensch einen Geistführer?

Ja. Das würde als Antwort ausreichen, aber ich vermute, du möchtest, dass ich das doch etwas ausführlicher anspreche.

Jedes Leben wird von einer höheren Kraft geführt, von einer spirituellen Macht, die das Leben während der irdischen Reise des Menschen gewissermaßen als Parallele begleitet. Viele nehmen während ihrer irdischen Lebensspanne nie Verbindung zu ihrem Geistführer auf, aber dennoch wird ihr Geistführer sie nicht verlassen, sondern das Leben und die Entscheidungen, die der Mensch im Leben trifft, genau beobachten und aufzeichnen.

Wisst ihr, ein Teil der Aufgabe, Geistführer zu sein, besteht darin, die Entscheidungen und Handlungen mitzuverfolgen, die Menschen in ihrem irdischen Leben treffen und ausführen. Zu notieren, wie viele Lektionen wirklich gelernt wurden. Unser Job ist nicht, bei euch zu bleiben und darauf zu warten, bis ihr uns bittet, euch zu helfen. Nein, manchmal entgeht euch, worin die Rolle des Geistführers überhaupt besteht.

Ähnlich der Vorstellung, die viele Menschen von Engeln hegen, ist der Geistführer wirklich ein Vermittler zwischen Himmel und Erde, zwischen der Geistigen Welt und der Menschenwelt. Vieles von dem, was in eurer Welt geschieht, hat eine Auswirkung auf die höheren Welten. Insofern ist der Geistführer auch da, um die höhere Welt vor Folgen aus der niedrigeren Welt zu schützen.

So, jetzt wette ich, dass ihr am liebsten nur das erste »Ja« gehört hättet.

3. Haben wir mehr als einen Geistführer?

Der menschliche Geist kann alle möglichen Manifestationen erzeugen, wenn er sich auf die Geistige Welt einstellt. Und ich kann dir versichern, dass Spirit sich an dein Bedürfnis anpassen wird, wenn es einen echten Grund gibt, eine solche Vorstellung zu übernehmen. Denke jedoch daran, dass wir die Dinge aus einer höheren Perspektive betrachten und die Wahrheit kennen.

Wenn dein Kind mit einem Spielzeug zufrieden ist, dann ist es ein wirklich zufriedenes Kind. Wenn es jedoch mehr als eins braucht, findest du es vielleicht anspruchsvoll oder bedürftig. Wenn dieses Kind mehr als ein Spielzeug hat, aber so mit ihnen spielt, dass es sich erfüllt fühlt, dann war es der Mühe wert und sinnvoll, ihm ein zweites oder drittes Spielzeug zu geben, weil es zufriedener geworden ist.

Der Geistführer ist in diesem Vergleich wie ein Elternteil, das etwas entscheiden muss, was den Fortschritt des Kindes entweder fördert oder behindert.

Was ich euch im Endeffekt sage, ist, dass manche von euch Erfahrungen mit verschiedenen Geistwesen bekommen, weil es ihre Erkenntnisse vertiefen und ihre emotionale Intelligenz fördern wird. Andere wiederum würden sich mit Vorstellungen von vielen Führern und Geistwesen, die angeblich um sie herum sind, selbst verwirren. Aber ihr braucht in einem solchen Fall nur darauf zu hören bzw. zu achten, wie eine solche Person davon beeinflusst ist: Ist der Mensch geerdet und rational, vernünftig im Bezug auf seine spirituelle Reise? Oder ist er nicht geerdet und in seinen Gesprächen über sein spirituelles Leben unsortiert oder »daneben«?

In Wahrheit hast du einen Geistführer und nur einen einzigen. Wenn dein Bewusstsein wirklich offen ist, dann kann dein Geistführer andere spirituelle Lehrer einladen, dir bei deiner weiteren Entwicklung zu helfen – aber dennoch gibt es auch dann immer nur einen einzigen Geistführer.

4. Ist es möglich, irgendeinen Engel als eigenen Geistführer zu haben oder sogar beide, einen Engel und einen Geistführer?

Die Tatsache an sich, dass du eine solche Frage gestellt hast, sagt mir, dass du gern deine eigenen spirituellen Wesen besitzen möchtest und noch nicht versuchst, ihren Wert und ihren Nutzen für deine Reise zu begreifen. Dir möchte ich sagen, dass du dich mehr in Selbstgewahrsein üben solltest, dass du dich selbst richtig kennenlernen solltest, bevor du versuchst, die Ordnung der höheren Welten in eine Formel zu bringen.

Ich habe bereits gesagt, dass sich die Geistige Welt an eure Bedürfnisse anpassen wird und sie erfüllt, solange das für euren Fortschritt wirklich nützlich ist. Wenn dein Gemüt und dein Geist allerdings konfus bei der Vorstellung werden, Geistführer und Engel zu haben und alle möglichen leuchtenden Wesen, dann werden wir einen Schritt zurücktreten und dir Gelegenheit geben, in dieser Realität hier besser geerdet zu werden.

Ich spüre, dass diese Antwort allgemeingültiger ist. Alle sollten sich zu Herzen nehmen, was gerade gesagt wurde. Es dient euch sehr, wenn ihr, während ihr euch dafür einsetzt, euer Bewusstsein zu erweitern und die Geistige Welt um euch herum zu verstehen, immer oder so oft wie möglich einen »reality check« macht, dass ihr euch erdet und euch an der Realität ausrichtet.

Es ist eine Sache, über geistige Führer und Engel zu reden, aber eine andere, sich selbst wirklich gut zu kennen – das zweite ist viel wichtiger. Ob du es erkennst oder nicht, ob du es jemals in deiner Lebenszeit erfahren wirst oder nicht: Die Geistige Welt ist ständig bei euch und begleitet euer ganzes Leben auf der Erde – wir sehen euch immer.

Es ist gut, dass ihr euch darum kümmert, eure höhere spirituelle Natur zu erfahren und mehr Spiritualität in euer Leben zu bringen. Überstürzt aber nichts, ihr müsst nicht alles sofort wissen. Und stellt keine Fragen, auch nicht die cleversten, deren Antworten ihr nicht begreifen würdet.

Ich sage das euch allen, damit ihr es langsam angeht und euren Fortschritt bewusst und zielgerichtet macht, damit ihr erst eine Sache verstehen lernt, bevor ihr Antworten auf eine zweite sucht. Vielleicht wirkt es so, als ob ich mit dieser Antwort eine Belehrung gegeben hätte, aber ich sage das aus ganzem Mitgefühl, wie Eltern ein Kind lieber einmal tadeln würden als zuzusehen, wie es sich völlig unnötigerweise selbst Schaden zufügt.

5. Haben wir unseren Geistführer vor diesem Leben schon gekannt oder vielleicht sogar zusammen mit ihm ein Leben verbracht?

Die Verbindung zwischen Spirits ist vollkommen, und wenn du danach fragst, ob ihr euch schon früher gekannt habt, dann trifft das zu. Aber es ist ein sehr viel tieferes Kennen als das, wovon du sprichst. Für euch bedeutet, jemanden zu kennen, dass ihr einem Menschen begegnet, dass ihr euch mit ihm trefft.

Auf der spirituellen Ebene bedeutet ein Kennen zwischen dem Spirit in der geistigen Welt und dem menschlichen Spirit eher, dass es ein gemeinsames Erinnern gibt. Denkt daran, wie ihr in eine neue Familie geboren werdet – ihr kennt sie nicht, sie euch auch nicht. Aber es herrscht eine gewisse Vertrautheit, die sich noch vertieft, wenn ihr als fühlendes Wesen heranwachst.

Es handelt sich um eine Form des Erinnerns, die den Weg dafür öffnet, die Verbindung zwischen euch zu bestätigen und zu bestärken und die euch dann Liebe fühlen lässt. Es ist die Liebe, welche die zuvor bereits bestehende Verbindung erneut entzündet. Die Verbindung gab es immer schon, sie war nur eine Weile lang »eingeschlafen«.

Deine Beziehung zu deinem Geistführer ist immer dieselbe, auch dann schon, wenn du zum allerersten Mal in diese menschliche Welt eintrittst und dich nicht daran erinnern kannst, woher du gekommen bist oder warum du hier bist.

Wenn Verstand und Geist während des Lebens wachsen, erfahren manche von euch so etwas wie einen Ruf, ein Gespür, dass sie von etwas oder von jemandem getrennt sind. Das ist euer innerer Spirit, der nach seiner Verbindung sucht, von der er instinktiv weiß, dass es sie gibt.

Manchmal erleben bestimmte Leute während ihres Erdenlebens, dass sich ihr höheres Bewusstsein öffnet und dass dann Erinnerungen an Orte, an denen sie früher gelebt haben, in ihr Gedächtnis fließen – aus einer Zeit, als sie als jemand ganz anderer über diese Erde gegangen sind. Andere erfahren Reisen in die Geistige Welt und zurück, und sie berühren dort das Licht, aus dem sie stammen.

Solche Erweckenserlebnisse finden nicht häufig statt, aber sie haben für die, die sie erfahren, eine große Bedeutung. Wenn wir an Spirit denken, dann geht es um Vernetzung und Einheit. Insofern kennen wir uns alle auf einer bestimmten Ebene. Aber überlassen wir das einer anderen Sitzung, weil uns das jetzt in eine ganz andere Richtung führen würde.

6. **Kann ein Angehöriger oder ein lieber Freund oder Partner mein Geistführer sein, wenn er in die Geistige Welt hinübergegangen ist?**
Nein, die Abmachung ist bereits getroffen worden, bevor du geboren wurdest, und deshalb entwickeln sich die Beziehungen im menschlichen Leben entsprechend.

Wenn deine lieben Angehörigen oder Freunde aber zurück in die Geistige Welt gehen, werden sie immer in der Lage sein, dein Leben weiter zu beobachten, wenn sie dies wollen. Und sie werden mit deinem Geistführer zusammenarbeiten, wenn sie möchten, dass du von ihrer Gegenwart erfährst.

Es ist immer schwierig, euch solche Dinge klar darzulegen. Wir sprechen hier ja über liebe Menschen von euch auf der anderen Seite, wo sie sich über den begrenzten Menschen, den ihr kanntet, hinaus ausgedehnt haben und zu ihrem höheren spirituellen Selbst geworden sind, das nicht die gleichen Bindungen hat, wie ihr sie kennt.

Damit meine ich, dass sie zwar aufgrund der Liebe, die ihr füreinander hattet und die eure Beziehung bestimmt hat, immer mit euch verbunden sein werden. Aber es sind nur die menschlichen Emotionen, die sich an Beziehungen klammern – sowohl zwischen lieben Angehörigen und Freunden als auch zwischen Mensch und Geistführer.

Aber, meine jungen Freunde, ich erwarte nicht, dass ihr die Wege und Verhaltensweisen von Spirit bereits voll versteht. Die Tatsache, dass ihr euch darum bemüht, rechtfertigt und würdigt euch alle.

7. Gibt es »normale« Geistführer und besondere Führer wie Aufgestiegene Meister?

Du willst wieder einmal die Geistige Welt in Kategorien fassen. Das ist insofern verständlich, als der menschliche Verstand auf bestimmten Ebenen und innerhalb gewisser Grenzen arbeiten muss. Er muss eine Ordnung oder Struktur entwickeln, die er versteht. Das ist auch okay, denn es kann die Grenzenlosigkeit der Geistigen Welt ja ohnehin nicht einengen. Aber wenn man im Rahmen solcher Kategorien mit anderen diskutiert, könnte das deren Gedankengebäude stören, weil sie andere Kategorien haben als du.

Ich möchte einmal versuchen, etwas im Hinblick auf höhere spirituelle Lehrer deutlicher zu machen: Der menschliche Geist funktioniert gut, wenn er denkt, dass er von Autoritäten und Rängen, von Klassenzugehörigkeit und Statusaspekten regiert wird – das gilt aber nicht für das höhere Bewusstsein. Euer spiritueller Teil wird das zur rechten Zeit begreifen, da es zum Prozess der Erleuchtung gehört, weniger solchen Dingen Bedeutung zuzumessen als vielmehr dem innersten Wesen der Dinge zu vertrauen.

8. Könnte unser Geistführer ein Teil unseres eigenen höheren Bewusstseins sein?

Das ist eine sehr gute Frage, und ich freue mich, dass du sie gestellt hast. Die Tatsache, dass du es überhaupt für möglich hältst, dass du zwei Ebenen von Bewusstsein *bist*, die zeitgleich da sind – die irdische menschliche Existenz und die »Koexistenz« in der Geistigen Welt – ist der erste

Schritt, um ein höheres Verständnis vom eigenen Selbst zu erlangen.

Die Frage zeigt mir auch, dass du weniger Angst als die meisten anderen Menschen hast, davon auszugehen, dass deine Individualität in der menschlichen Welt nicht alles ausmacht von dem, wer du wirklich bist. Nein, du bist ein Geistwesen, und ein Teil von dir existiert in genau diesem Augenblick in zwei Welten.

Wenn man ein Schiff auf dem Meer ansieht, sieht man nur das, was den Augen zugänglich ist. Aber unter der Wasserlinie ist ein integraler Bestandteil des Schiffs, der es trägt und überhaupt auf See schwimmen lässt. Dasselbe gilt für dein Bewusstsein. Ein Teil von dir hat sich in einer Welt manifestiert, in der man dich sehen kann, aber ein anderer Teil von dir ist unsichtbar und dennoch sehr nützlich für die Reise, auf der du dich befindest.

Als ein menschliches Wesen fühlst du deine Individualität, und so soll es ja auch sein, obgleich das Meiste an deiner menschlichen Natur eine Widerspiegelung deines spirituellen Selbst darstellt, das aufgrund seines eigenen Wesens danach strebt, dass du dich in Liebe mit allem verbindest.

Im Kontrast dazu ist der höhere Teil deines Bewusstseins, der in der Geistigen Welt existiert, bereits mit allem Leben verbunden – deshalb bist du ich, und ich bin du. Nur ein offener Geist wird verstehen, was ich gerade sage, und ich füge wieder einmal hinzu: Das ist auch in Ordnung so. Jenen, die das als zu schwer verständlich empfinden, sage ich: Lasst es einfach beiseite, bis euer

Bewusstsein sich nach einem solchen Verständnis »ausstreckt«.

Die Existenz von Bewusstsein ist ganz und eine einzige. Deshalb ist alles, was besteht, Teil derselben Sache. Nur das Verstehen bzw. der Mangel an Verstehen kann diesen Entwurf stören und Verwirrung und in gewisser Hinsicht auch Unordnung stiften. Denkt jedoch daran, liebe junge Freunde, dass alles im Universum genau da ist, wo es in Beziehung zum Jetzt sein soll.

9. Können sich unsere Geistführer und Engel in der Geistigen Welt noch weiterentwickeln und wachsen?

Ja. Das ist die einfache Antwort auf deine Frage. Aber ich spüre wieder, dass du mehr Informationen darüber erwartest, wie das abläuft.

Jedes Leben, gleich wie »aufgestiegen« es sein mag, muss fortfahren zu wachsen, sich weiterzuentwickeln und auszudehnen. Das ist das Wesen von Leben. So wie das unermessliche Universum in ständiger Bewegung ist, ständig weiter vorwärts schreitet und sich in alle möglichen Richtungen gleichzeitig ausdehnt, so tun es alle Dinge, die damit in Verbindung stehen, auch spirituelle oder ätherische Wesen.

Ich verweise auf den Fortschritt des Wissens in eurer Welt. Dort seht ihr, welche nie endende Antriebskraft es gibt, sich laufend zu erweitern und zu verbessern. An diesem Beispiel könnt ihr ablesen, wie Wachstum stattfindet, und zwar auf eine Art, die ihr verstehen und nachvollziehen könnt. In gleicher Weise dehnt sich die Geistige Welt ständig weiter aus und schreitet voran, und sie verfeinert und reinigt sich, wie es ihrer Natur entspricht.

Wird euch daran deutlich, dass es zunächst der Geist ist, dass zunächst Spirit sich veredelt und dass dann die Wirkungen in eurer Welt folgen? Merkt ihr daran, dass das menschliche Bewusstsein erhoben wird und so mehr Klarheit in eure Welt gelangt?

Wovon ich hier spreche, wird Tausende eurer Jahre brauchen, bis es ganz durchdrungen ist. Erwartet also nicht, dass eure Welt mit einer einzigen Bewegung eines neuen Lebens auf der Erde erleuchtet wird. Obwohl ich jetzt einen Begriff von Zeit verwendet habe als ein Maß der Veränderung im Bewusstsein der Menschheit, muss ich sagen, dass es doch mehr mit Bewegung als mit Zeit zu tun hat. Und mit Bewegung meine ich keine physikalische Kraft, sondern mehr einen natürlichen Anstieg, eine Woge von Energie im Universum an sich.

Um es zusammenzufassen: So wie sich die Geistige Welt veredelt und weiterentwickelt, vollzieht sich das auch in der menschlichen Welt und in allen anderen Welten dieses Universums.

10. Was ist die beste Möglichkeit, um meinen Geistführer kennenzulernen?

Die beste Möglichkeit, deinen Geistführer kennenzulernen, ist, dich zunächst einmal selbst kennenzulernen. Du bist Teil derselben Reise. Du bestehst aus denselben Komponenten (wie er), auf der Ebene der spirituellen Elemente. Wenn du also lernst, dich selbst auf einer tieferen Ebene zu erkennen, wirst du wahrhaft dafür offen sein und annehmen können, dass es einen höheren Teil deiner selbst gibt, der mit Spirit und mit anderen Spirits verbunden ist.

Zur Übung solltest du lernen, die Welt um dich herum zu spüren und die Wirkung der eigenen Gefühle zu verstehen sowie die Wirkung der Sinneswahrnehmungen und Empfindungen. Nutze die fünf Sinne, die dir zur Verfügung stehen, um dir eine Sicht der physischen Welt zu vermitteln, von der du ein Teil bist. Lerne, was es bedeutet, dass du in diesem Zustand du selbst bist.

Sei klar und aufrichtig mit dir selbst, wenn es um deine Handlungen und deine Gedanken geht. Wenn du einen Punkt erreicht hast, an dem du von einer höhere Warte aus bestimmen kannst, wie du denkst und handelst, dann übernimmst du die Kontrolle über dein Leben.

Schon bei den ersten deiner Schritte in diese Richtung wird der Geistführer dir viel deutlicher erscheinen, und seine Präsenz wird in deinem Leben spürbar werden. Denke daran, dass der Geistführer, wenn er erscheint oder von dir erspürt wird, von dir die Erlaubnis erhalten hat, dich auf den Lebensplan hinzuweisen, den du gemacht hast, bevor du hierhergekommen bist.

Der Geistführer hat ein viel klareres Verständnis und eine echte Vision von deinem Lebensplan, und obwohl er nicht über dich bestimmen und dich nicht veranlassen kann, bestimmte Dinge zu tun, ist er doch immer da, um dich zu deinen Aufgaben zu führen. Und er bleibt auch nach jedem Fortschritt oder Versagen von dir weiterhin präsent.

Versucht euch in eurem Bestreben, euch mit uns zu verbinden, nichts einzubilden oder vorzustellen, sondern uns ein Teil eurer Realität werden zu lassen. Denn so sehr ihr uns in eure Wirklichkeit hinein lasst, so stark wird die Verbindung zwischen uns während eurer menschlichen Reise sein.

Rückschau

Es liegt etwas sehr Beruhigendes in dem Wissen, dass wir immer jemanden »über uns« haben, der uns begleitet und der uns gelegentlich Rat für unsere Lebensreise anbietet.

Ich erinnere so viele Leute auf diesem Weg daran, dass ich selbst keineswegs ständig meinen Geistführer konsultiere. Ich ziehe es vor, meine eigenen Entscheidungen zu treffen, so oft und soweit wie nur möglich, auch wenn das bedeutet, dass ich vielleicht einen Fehler mache. Ich mache das so, damit ich wirklich eigene Erfahrungen sammle. Denn das ist, wie ich glaube, der Grund, warum wir auf dieser Erde sind. Und obwohl ich eine Verbindung mit Chi habe und weiß, dass er mir immer nahe ist, versuche ich, wie er mir so oft nahegelegt hat, geerdet zu sein und wirklich ganz Teil meines physischen Lebens und meiner irdischen Existenz.

So vielen Leuten begegne ich, die überheblich und anmaßend werden, wenn es um Geistführer und Engel in ihrem Leben geht. Sie neigen dazu, zu vergessen, dass sie in der menschlichen Welt sind, um physische und emotionale Lektionen zu erfahren.

Wir alle müssen uns immer wieder daran erinnern, dass wir ein Leben im Hier und Jetzt zu führen haben, dass wir zwar durchaus einen guten spirituellen Kontakt genießen können, aber auch wissen sollten, wann wir ihn »abschalten«.

Ich kenne Menschen, die fast nichts anderes tun, als über die Engelwelten zu reden oder von ihren Geistführern zu sprechen, von denen sie unfassbar viele haben. Es scheint ein Bedürfnis zu geben, in dieser Art von Gedankenwelt zu leben. Ich halte diese Art von Denken für nicht gesund. Man verliert sich leicht in Illusionen oder Wahnvorstellungen. Eine solche Herangehensweise wird diese Menschen aber nicht nähren und ihren Entwicklungsfortschritt in diesem Leben nicht fördern.

Das, was Chi als Antwort auf die letzte Frage gesagt hat, nehme ich wirklich ernst. Ich versuche, mehr an mir selbst zu arbeiten als an spirituelle Dinge zu denken. Auch wenn ich Kurse über die Geistige Welt abhalte, rate ich den Teilnehmern, so lange und so umfänglich wie möglich an sich selbst zu arbeiten, bevor sie einen Gedanken an Geistführer und so fort aussenden.

Alle, die dieses Buch lesen, bitte ich: Nehmen Sie sich Zeit und genießen Sie jede »Lektion«. Ihr Leben wird dann wunderbar erfüllt sein von magischen Erfahrungen und Ereignissen. Bilden Sie sich aber nichts ein und erfinden Sie nichts, um etwas schneller zu erreichen. Lassen Sie Ihre Erlebnisse tief, bedeutungsvoll und wahrhaftig sein.

Religiöse Überzeugungen und Glaube

Einführung

Ich bin in meinem Leben nie sehr religiös gewesen, obwohl mich Religionen und ihre Riten im Verlauf der Zeiten fasziniert haben. Oft fragen mich die Leute, welcher Religion ich mich anschließen würde, wenn ich das wollte, und die einzige Antwort, die ich für mich persönlich geben kann, ist: Buddhismus. Einfach weil er gewaltfrei ist und sehr viel mit Mitgefühl zu tun hat.

Ich habe großes Vertrauen in meinen Geistführer Chi und die anderen Geistführer. Ich habe, soweit ich mich erinnern kann, nie etwas darüber gehört, dass Chi eine Religion praktiziert hätte, falls er überhaupt eine hatte. Nach allem, was ich weiß, besaß er eine gewisse Verbindung zum Tao. Wenn man ihn jedoch danach fragt, antwortet er auf irgendeine clevere Art und Weise, nach der man annehmen würde, dass er total abseits jeder Religion von uns Menschen steht.

Auf einer spirituellen Reise gelangen viele Leute zu einer Religion, während ebenso viele vielleicht ihre bisherige Religion verlieren, weil sie auf ihrem Weg neue Lehren annehmen. Soweit ich es beurteilen kann, spielt Religion aber immer noch eine große Rolle auf der spirituellen Reise der Menschheit und wird das auch noch eine ganze Weile lang tun.

Ich habe mich nie dazu berufen gefühlt, zu predigen oder zu versuchen, Menschen zu meinen Überzeugungen und Einsichten zu bekehren. Meine Ansicht zu diesem Thema war immer, dass die Leute ihren eigenen Weg finden sollten, auch wenn das heißen würde, dass sie auf vielen Wegen ein Stückchen gehen müssten, bevor sie sich entscheiden können, welcher der richtige für sie ist.

Das nächste Kapitel bringt Fragen an Master Chi über Religion. Ich finde es immer wieder interessant nachzulesen, wie er jede Frage präzise und ohne Voreingenommenheit für oder gegen irgendeine Religion beantwortet. Auch, wie er spirituelle Verwirklichung als etwas viel Nützlicheres für unser Wachstum betrachtet als rituelle religiöse Praktiken.

Fragen und Antworten

1. **Gibt es einen Gott oder eine höhere Macht, die das Leben in dieser Welt und im Universum erschaffen hat?**
   Es gibt ganz sicher eine höhere Macht, die für die gesamte Schöpfung verantwortlich ist. Wenn du von Gott sprichst, klingt das, als ob du von einem Individuum sprichst. Und das wäre seiner Natur nach genau das Gegenteil der schöpferischen Kraft. Aber ich verstehe, was du eigentlich meinst und warum du diesen Begriff verwendest. Wenn du versu-

chen würdest, dein Bewusstsein weiter zu öffnen, um die unbegrenzte Natur bzw. das grenzenlose Wesen dessen zu verstehen, was du Gott nennst, würdest du vermutlich eine weniger einschränkende Bezeichnung finden, um diese Macht zu benennen.

Ich sage an dieser Stelle aber zu euch allen, dass ihr euch darum bemühen solltet, euer Bewusstsein weiter auszudehnen, wenn ihr an die höhere Kraft im Universum denkt. Indem ihr euren Geist für das Grenzenlose öffnet, begrüßt ihr sozusagen mit offenen Armen den spirituellen Teil von euch. Und auch dann hättet ihr nur einen Bruchteil des Bewusstseins, das man braucht, um die höheren schöpferischen Kräfte und ihre Zielrichtung und ihren Sinn zu verstehen.

Doch jetzt reicht es zunächst einmal, dass ihr euch öffnet und euer Bewusstsein ausdehnt. Dann wird sich die Antwort auf diese Frage auch verändern.

2. Welches ist der beste Glaube, wenn es darum geht, sich eine Religion zu wählen? Gibt es eine Religion, die »wahrer« ist als die anderen?

Glaube ist keine Religion. Glaube ist eine Form von Vertrauen auf etwas oder eine Überzeugung, die man vielleicht nie beweisen kann. Religion ist vom menschlichen Verstand und Gemüt erschaffen worden und kann für die funktionieren, die sich entschieden haben, ihren Glauben da hinein zu setzen. Wenn du mich jedoch fragst, was mehr spirituelle Klarheit und Erleuchtung in dein Leben bringt, dann ist das etwas ganz anderes.

Das Bewusstsein, dass weiter wachsen will, wird es tun, weil es dazu bereit ist. Ein solcher Geist wird sich auch durch religiöse Praktiken weiterentwickeln, solange er den reinen Prinzipien dieser Lehren treu bleibt. Er wird schließlich den höchsten Punkt von Klarheit erreichen, den ein menschliches Bewusstsein erreichen kann.

Dasselbe Bewusstsein wird sich aber auf die gleiche Weise ausdehnen und denselben geöffneten Zustand erreichen, wenn es seine eigenen Lebenserfahrungen ohne religiöse Lehren als Anleitung verstehen lernt. Erleuchtung stellt sich also ein, wenn das Bewusstsein bereit ist, sich dafür zu öffnen, gleich auf welchem Wege.

Wie alle Dinge in der Welt der Menschen haben Religionen ihre Höhen und Tiefen, ihr Gutes und ihr Schlechtes. Warum ist das so, was meinst du? Es ist so, weil die menschliche Welt nicht vollkommen ist, und selbst wenn die reinsten spirituellen Lehren in Form eines Buches zur Erde gebracht werden könnten, würden sie ihre Reinheit in dem Augenblick verlieren, in dem sie durch das Bewusstsein des ersten Menschen ziehen, der sie liest.

Was ich sage, entspricht nicht einer Ansicht aus der menschlichen Welt oder überhaupt dem menschlichen Verstand, sondern es ist eine Beobachtung aus einer höheren Perspektive. So wie ein Lehrer auf die Kinder in seiner Klasse schauen kann und sieht, wo sie stehen, und weiß, wie er sie am besten anleitet. Euch allen sage ich: Versucht, euch auf eurem spirituellen Pfad selbst treu zu bleiben. Damit habt ihr bereits alle Regeln, die ihr als Anleitung für die menschliche Reise braucht.

3. Kann der Glaube Dinge in unserem Leben wirklich beeinflussen? Was ist die Kraft des Glaubens eigentlich und wie wirkt sie?

Die Kraft des eigenen Glaubens kann die Lebensumstände tatsächlich verändern. Der Glaube ist jener Teil von dir, der deinen Willen formen kann. Wenn dein Wille eine klare Richtung oder Absicht hat, wird er zur Antriebskraft, die Dinge bewegen und sogar zu dir hinziehen kann.

Glaube ist wie ein Wind, der das Segel aufbläht und das Schiff vorwärts bewegt. Deine Einstellung ist wie das Segel, das ohne klare Richtung oder Absicht einfach schlaff herunterhängt und das Schiff dann nicht bewegt.

Wenn jedoch der Glaube als »Wind«, als Antriebskraft wirkt, kann er dich ganz leicht dort hinbringen, wohin du in deinem Leben reisen willst oder musst. Aber wie der Wind kommt und vergeht der Glaube, deshalb solltest du es auch für dich nutzen, wenn du das Thema Glaube hinter dir hast.

Es gibt Menschen, deren Glaube stark ist, und sie ragen als großartige Gestalten unter den vielen in der Welt der Menschen hervor. Es sind immer nur wenige. Diese Art von Gläubigen kann anderen Leuten Mut machen, deren Glauben zu teilen. Aber ich sage euch ganz klar, dass der Glaube, der aus dem eigenen Selbst stammt, der stärkste und wichtigste ist.

Auf Glauben kann man bauen. Wie der Wind kann er euch voranbringen. Aber ihr müsst vorbereitet sein, soweit das machbar ist, und eure Einstellung, euer »Segel«, ausdehnen und erweitern, um so viel Wind wie möglich damit einzufangen.

4. Werden religiöse Menschen im Nachleben eher von einer höheren Ebene angezogen als Atheisten?

Menschen sind Menschen. Wenn man einer Person das Etikett »religiös« hinzufügt, macht sie das nicht spiritueller, nicht weiser, nicht mitfühlender. Diese Tugenden gewinnt man aufgrund der eigenen Lebensführung und der Tatsache, dass man sein Leben verstanden hat.

Es gibt viele Leute, die in eurer Welt den Vorschriften einer Religion folgen und deshalb auch spirituell wachsen. Solche Menschen haben sich offensichtlich stark auf die spirituellen Werte konzentriert, von denen die Lehren sprechen. Ich sage euch indes, dass diese Menschen auch dann spirituell offen wären und auf die gleiche Weise wachsen würden, wenn sie unter einer beliebigen anderen Flagge lernen würden.

Es gibt eine interessante Art und Weise, den Aufstieg des menschlichen Spirits durch die Geistige Welt zu beschreiben, nämlich indem man den Begriff der Gravitation, der Schwerkraft anwendet. Das ist ziemlich genau. Der Geist, der klar ist, wird sich höher erheben als der Geist, der umwölkt und verwirrt ist oder seine früheren Handlungen nicht erkennt.

Der höchste religiöse Zustand, den ein Mensch erreichen kann, ist, wenn er spürt, wie Güte aufgrund von gütigen Handlungen und Mitgefühl sein ganzes Wesen erfüllt. Nehmt das als Ausgangspunkt eurer eigenen religiösen »Vorschrift« oder »Doktrin«, und baut den Rest eurer Reise darauf auf.

5. **Wer erhört eigentlich unsere Gebete? Und ist es überhaupt wichtig, Gebete in das eigene Leben zu integrieren?**
Die Geistige Welt hört deine Gebete, deine Gedanken, und sie spürt auch deine innersten Gefühle. Wenn du dich also in stille Kontemplation begibst und um Hilfe oder Führung für dich selbst oder für andere bittest, kannst du wissen, dass deine Botschaft immer empfangen wird.

Das menschliche Gebet ist insofern interessant, weil es oft die aufrichtigste Form von Kommunikation ist, die eine Person übermittelt, besonders wenn es aus ihrem Herzen kommt. Durch den Akt des Gebets öffnet sich dein Geist für die Möglichkeit, dass es ein höheres Wesen gibt – durch dein Gebet würdigst du es.

Von allen Gebeten, die du in den Äther aussendest, werden nur manche erhört. Aber selbst wenn nur ein einziges Gebet auf günstige Weise erhört worden ist, wirst du einen Glauben bilden; und wenn du zu glauben beginnst, dann bist du bald auch bereit zu vertrauen. Allein aus diesem Grund – und es gibt noch zahlreiche weitere – ist es gut für euch alle, ein starkes Gebetsleben zu entwickeln.

Nimm dir einen Moment Zeit, um zu überlegen, welche Art von Gebet zu einer höheren Macht dein Bewusstsein auf eine positivere Art gestalten könnte. Als Erstes wird dich das auf die Suche nach Mitgefühl für andere Menschen schicken, die weniger Glück im Leben haben, denen es schlechter geht als dir. Sich durch das Gebet um andere zu kümmern, das ist der Anfang des Erwachens für ein spirituelles Leben.

Du musst aber auch lernen, es zu akzeptieren, wenn Gebete, die du ausgesandt hast, nicht erhört oder nicht belohnt werden. Zugleich gibt es dabei aber bisweilen auch die Erkenntnis, dass die höhere Kraft dem Leben gestattet hat, seiner eigenen Bahn ohne göttlichen Eingriff zu folgen.

Zusätzlich spielt bei Gebeten dein eigenes höheres Bewusstsein eine Rolle. In der Stille deines Geistes begegnest du dir spirituell selbst, und deshalb gewinnst du Zugang zur Welt der höheren Kräfte.

Ja, es ist für euch alle wichtig zu beten, wenn ihr könnt. Denkt daran, eure Gebete so auszurichten, dass sie auch realisiert werden können, und seid euch darüber im Klaren, dass nicht alles, was ihr erbittet, auch geschehen kann. Versucht, Gebete auf eine positive Art einzusetzen. Wenn ihr euch spirituell stark fühlt, könnt ihr auch guten Willen und gute Absichten aus eurem eigenen Spirit an andere senden.

6. Versteht man Gott besser, wenn man in der Geistigen Welt ist?

Als Erstes wirst du dich selbst besser erkennen und verstehen. Daraus ergibt sich dann natürlich auch ein besseres Verständnis der höheren Kraft.

Wenn du nach Hause in die Geistige Welt kommst, erlebst du zahlreiche Veränderungen, zumal die letzte menschliche Existenz erst von dir abgelöst werden muss. Wenn sie allmählich erlischt, wird das Bewusstsein umso heller und strahlender.

Nur in einem Zustand der Leichtigkeit und des Lichts kannst du mehr von deiner wahren Identität aufnehmen und damit die Erkenntnis dessen erlangen, was du als Gott bezeichnest.

7. Gibt es besondere Zustände oder Stufen des spirituellen Aufstiegs, wie zum Beispiel das Nirwana?

Für den klaren Geist gibt es keinerlei Grenzen. Man kann solche Zustände oder Stufen erreichen, wenn man sich darauf ausrichtet. Bevor du aber an diese erhabenen Stufen des Bewusstseins in der Geistigen Welt denkst, versuche deinen Geist auf den höchsten und klarsten Bewusstseinszustand auszurichten, den du in der menschlichen Welt erreichen kannst. Ich erinnere euch erneut daran, dass ihr so begrenzt seid, wie ihr euch jeweils selbst seht.

Strebe nach dem Höchsten und du wirst wenigstens einen besseren Blick auf deine Existenz gewinnen. Träume davon und du wirst eines Tages dafür erwachen. Der Einsatz, den du jetzt aufbringst, wird bestimmen, wie weit hinauf du in dieser Welt und übrigens auch in jeder anderen Welt gehen kannst.

Es gibt Beispiele für Menschen, die ihr Bewusstsein auch im menschlichen Körper in diese klaren Zustände in der Geistigen Welt erhoben haben. Also kannst du das genauso schaffen – von dort aus, wo du jetzt bist.

8. Gibt es eine gemeinsame Verbindung zwischen allen Weltreligionen?

Ja, sie sind voller Leute. Ich probiere, euch wieder klarzumachen, dass das Ziel oder die Absicht von dem, was ihr Religionen nennt, darin liegt, Menschen zur spirituellen Entwicklung anzuregen.

Diejenigen allerdings, die solche Lehren an andere weitergeben, müssen Spiritualität erst einmal auf einer höheren Ebene erfassen, bevor sie wirklich eine Chance haben, den Geist ihrer Anhänger aufzuklären bzw. zu erleuchten. Damit meine ich, dass eine Lehre einfach nur eine Lehre ist. Sie muss erst einmal verwirklicht werden, um auch tatsächlich zu wirken, und das Ergebnis hängt in einem hohen Maße vom Lehrer ab.

Stimmt es nicht, dass alle eurer Religionen Lehren der Rechtschaffenheit, der Güte, der Heilung und der Hoffnung enthalten? Diese Tugenden sind der rote Faden, der sich durch alle diese spirituellen Lehren zieht.

Nicht das Gute in den Religionen richtet Schaden an. Nein, das hat mehr mit den Kontrollmechanismen und mit manipulativen Taktiken zu tun, die auf die Leute angewandt werden. Sie beeinflussen die Religionen negativ und sind dafür verantwortlich, dass sie nicht zu Aufklärung und Erleuchtung auf einer spirituelleren Ebene führen.

Denkt daran, dass es nur eine einzige Lebenskraft gibt und dass ihr alle Teil davon seid, gleichgültig, auf welche Weise euer Gemüt sie beschreiben und wie es an sie glauben will.

9. Ist Religion dabei, in dieser Welt auszusterben, und wird es sie eines Tages gar nicht mehr geben?

Gehe ich recht in der Annahme, dass man von mir wieder einmal erwartet, dass ich die Zukunft in der menschlichen Welt voraussagen soll? Nein, eine solche Frage hat keine Antwort, die dir jetzt helfen würde, weiter zu wachsen. Ich werde deshalb, mit deiner Erlaubnis, über Veränderungen sprechen.

Ihr werdet an diesem Punkt in eurem Leben bemerkt haben, dass es viele Dinge, die es früher in eurem Leben gab, jetzt nicht mehr gibt, nicht wahr? Wenn man sich nun das größere Bild ansieht und die Geschichte der Menschheit überblickt und all das, was ihr von ihrer Entwicklung bis jetzt wisst, dann stellt ihr fest, dass es viele Dinge, die früher ein Teil der menschlichen Reise waren, inzwischen nicht mehr gibt. Das trifft zu, oder?

Würde es dann nicht auch Sinn ergeben, anzunehmen, dass sich das Bewusstsein des Menschen zu einem gewissen Punkt weiterentwickelt und dabei ein besseres und deutlicheres Verstehen und Erkennen dessen gewinnen wird, was man in dieser Welt Religion nennt?

Selbst heutzutage schon gibt es genügend Menschen, die Religion auf eine Art und Weise betrachten und mit ihr umgehen, die weit von dem entfernt ist, was vor eintausend Jahren üblich war. Daraus dürfen wir ableiten, dass Religion diesem Muster von Veränderung weiter folgen wird, bis sie eines Tages nicht mehr als Belehrung für das spirituelle Wachstum in der menschlichen Welt benötigt wird. Wenn Religion ausstirbt, dann geschieht das, weil sich das Bewusstsein des Menschen entsprechend erweitert hat.

10. Gibt es eine besondere Beziehung zwischen Gott und bestimmten Menschen auf der Erde, wie dem Papst oder Erzbischöfen oder auserwählten Heiligen? Oder gilt für alle Menschen die gleiche Verbindung?

Mein junger Freund, du hast deine eigene Frage mit ihrem zweiten Teil bereits selbst beantwortet. Wenn man Gott als ein einzelnes Individuum ansehen würde, irgendwie als den Spitzenmann, dann ist man unter Umständen versucht zu denken, dass seine Vertreter auf Erden eine Hackordnung haben müssten, von oben angefangen damit, wer den größten Hut tragen darf, bis hinunter zu jenen, die sich alle Haare am Kopf abrasieren müssen … Na, ich erlaube mir jetzt natürlich nur einen Spaß mit dir.

Die Rolle der spirituellen Anführer auf Erden ist nicht gottgegeben, sondern von Menschen gemacht. Der Mensch, der als spiritueller Botschafter auftritt, ist also nicht unbedingt wirklich spiritueller als der bescheidene und demütige Mensch, der sein Leben lang Gutes tut und seinen Alltag voller liebevoller Absichten führt.

Rückschau

Wenn ich mir die Antworten oben durchlese, bin ich mir nicht sicher, ob Chis Sichtweise mein Denken geformt hat oder ob wir spirituell einfach so stark verbunden sind, da wir beide eine gleichartige Betrachtungsweise und ein sehr ähnliches Verständnis haben. Ich war nämlich, soweit ich mich erinnern kann, immer schon davon überzeugt, dass Menschen sehr spirituell sein können, ohne religiös im üblichen Sinn zu sein.

In meiner Kindheit haben meine Eltern keiner Religion angehört, und es gab keine anderen religiösen Lehren, von denen ich hörte, abgesehen von meinen frühen Schultagen, als es Unterricht über das Christentum auf der Grundlage der Kirche von Schottland gab.

Als kleines Kind betete ich jedoch oft für andere Menschen, und ich wusste auch damals schon, dass um mich herum Geistwesen waren, die meine Gebete hören konnten. Mit acht oder neun Jahren glaubte ich, andere durch meine Gedanken heilen zu können. Das klingt ziemlich verrückt, sogar heute noch, wenn ich diese Zeilen aufschreibe. Aber ich war wirklich überzeugt davon, dass meine Gebete sehr stark und wirkungsvoll waren und dass es da draußen jemanden gab, der mir helfen würde.

Ich habe Religionen wirklich studiert und erforscht in meinem Leben und war von allen fasziniert, aber ich fühlte mich nie dazu aufgerufen, mich einer speziellen Religion anzuschließen. Ich denke, das ist so, weil ich immer wusste, dass ich lieber einem individuellen Pfad folgen würde, einem Weg, der offen für alle Lehren war und sich hoffentlich mit allen verband.

Im Verlauf der Jahre hat Spirit in unseren Trance-Sitzungen so viele Fragen über Religion beantwortet. Sie reichten von der

Frage, wie die Existenz Gottes entstand, bis zur Frage, wie jemand den Heiligen Gral finden könnte.

Für mich war die beste Antwort jene, die er gab, als ihn jemand fragte, ob Gott eine Frau sei. Chi antwortete, dass das nicht sein könnte, denn sie hätte sonst sicher nicht den Mann erschaffen.

Diese Art von Antwort bringt die Leute zum Lachen und lässt eine echte Persönlichkeit hinter den Worten aufscheinen. Zur selben Frage gab er dann allerdings noch eine sehr interessante Antwort, als das Lachen abgeebbt war. Er sagte den Anwesenden, dass es mehr Sinn machen würde, anzunehmen, dass Leben von einer weiblichen Kraft geschenkt würde als von einer männlichen. Das Bewusstsein in dieser Entwicklung sei allerdings sowohl weiblich als auch männlich und zugleich nichts davon. Das sollte uns aber nicht weiter kümmern, bis wir bereit wären, es zu verstehen.

Das ist viele Jahre her, und ich habe inzwischen ein bisschen mehr an Erkenntnissen gewonnen. Darüber möchte ich aber bei einer anderen Gelegenheit sprechen … Jetzt höre ich mich schon so an wie Chi.

Über Heilung

Einführung

Ich finde, dass Heilen für jeden wichtig ist, der sich auf einer spirituellen Reise befindet. Ich bin so froh, dass mich meine alte Lehrerin Mrs. Primrose dazu anhielt, mehrere Jahre lang Methoden der Heilung zu erlernen, bevor sie mir erlaubte, in die Medialität einzusteigen. Ich stelle fest, dass ich in meiner Zeit in den Heilklassen sehr viel mehr über die Bedürfnisse und Verletzungen von Menschen gelernt habe, als ich es an den meisten anderen Orten oder in fast allen anderen Situationen hätte lernen können.

Ich habe mit so vielen erstaunlichen Formen von Heilung gearbeitet und bin in meinem Leben so vielen wunderbaren Heilungen begegnet, dass mir das große Hoffnung gibt. Ich erkenne, dass es in dieser Welt eine höhere Kraft gibt, die wir anrufen können, wenn alles andere versagt.

Spirituelle Heilung ist eine Gabe, die von Gott gegeben ist, würde ich sagen. Sie wirkt vor allem aufgrund unseres mitfühlenden Wesens, und sie macht den menschlichen Geist in seiner besten Gestalt sichtbar: im Wunsch, anderen etwas zu geben.

Heilung spielt in zahlreichen spirituellen Lehren eine Rolle. Die Bibel ist voller Berichte von wundersamen Heilungen, die Leiden lindern oder beseitigen. Spirituelle Heilung ist ein guter Startpunkt für eure spirituelle Reise, denn ihr müsst nichts anderes tun als euer Mitgefühl für andere zu entdecken. Und dann wird es nicht mehr lange dauern, bis sich in euch selbst eine positive Veränderung bemerkbar macht.

Ich liebe es, wenn Leute Chi Fragen zur Heilung stellen, weil er in seinen Antworten immer so klar und deutlich ist. Auch dann, wenn die Fragen ziemlich kompliziert daherkommen oder eher wirr klingen. Es gab und gibt so viele Fragen, die ganz persönlicher Natur sind und beispielsweise mit bestimmten Krankheiten zu tun haben, sodass wir sie im nächsten Abschnitt nicht berücksichtigen konnten. Sie würden zusammen mit den Antworten darauf ein eigenes Buch füllen.

Wir haben hier solche Fragen aufgenommen, die unserer Ansicht nach eine größere Zahl von Leserinnen und Lesern ansprechen, auch weil sie vielleicht selbst als Heiler arbeiten und nach Antworten suchen, wie sie auf den verschiedenen Ebenen von Heilung vorgehen könnten.

Fragen und Antworten

1. **Wie sieht Spirit die moderne wissenschaftliche Medizin mit ihren Medikamenten und Therapien im Vergleich zu den traditionellen und naturnahen Heilmethoden? Ist für Spirit da ein Widerstreit gegeben, wie es doch zahlreiche Vertreter der beiden »Parteien« sehen, oder gibt es einen Weg, »das Beste aus beiden Welten« anzuwenden?**

Viel von dem, was ihr in der menschlichen Welt als wissenschaftlichen Fortschritt in der Medizin oder auf anderen Gebieten seht, wird durch einen Spirit in eure Welt gebracht, für den das Teil seiner Abmachung vor seiner Reinkarnation ist. Damit gewinnt es zur rechten Zeit Bedeutung. Das einzige Rätsel dabei würde darin bestehen, dass die Erfinder oder Entwickler vergessen haben, dass sie diesen oder jenen Durchbruch tatsächlich entdecken oder verwirklichen sollten. Behalte das im Sinn, um deine eigene Frage besser zu verstehen, bevor ich den zweiten Teil der Frage beantworte.

Wenn alle Medizinverfahren und Medikamente wichtig sind und wenn ihre Anwender aufrichtig und auf ihrem Tätigkeitsfeld gut ausgebildet sind, dann bilden sie gemeinsam die Grundlage für Heilung.

Es ist schwer, genauer zu sein, weil deine Frage sehr offen und allgemein gehalten ist. Deshalb muss ich feststellen, dass – falls es einen Widerstreit zwischen Vertretern verschiedener Richtungen gibt – dies nur eine Erfahrung auf der irdischen Ebene darstellt, denn in der Geistigen Welt gibt es keinen Antagonismus.

Der zweite Teil deiner Frage betrifft die Überlegung, beide Methoden anzuwenden, wann immer das möglich ist. Ja, das ist immer vorteilhaft für die Heilung und sogar für die Heiler, für die Anwender selbst, denn das öffnet ihr Bewusstsein für andere Heilverfahren, und in manchen Fällen folgt daraus sogar ein weiterer Fortschritt in der Zusammenstellung von neuen Heilrezepturen und so fort.

Denkt immer daran, dass es eine Grenze gibt, wie weit der menschliche Körper und das Gemüt geheilt werden können, und dass es immer eine stimmige Zeit gibt, wann Heilung stattfinden kann. Erinnert euch deshalb immer an den Kern, an das Herz jeder Heilpraxis – und das ist Mitgefühl.

2. **Wie kann jemand zu einer guten Wahl gelangen, wenn er oder sie von einer ernsten Krankheit betroffen ist und nun Entscheidungen über die Behandlung treffen muss?**

Das ist eine seltsame Art, eine Frage zu stellen. Denn einerseits fragst du für einen Einzelnen, andererseits erwartest du offenbar eine allgemeine Antwort, die für alle stimmt.

Wenn ich dir etwas zu bedenken geben darf, mein Freund: Fast sicher gibt es für jede einzelne Person, die vor einer solchen Herausforderung in ihrem Leben steht, eine anders geartete Antwort, ein anderes Resultat. Es ist also unmöglich, hier eine akkurate Antwort zu formulieren.

Wenn du mir gestattest, einen Augenblick lang über den freien Willen und die Wahl von Entscheidungen auf der irdischen Ebene zu sprechen, dann wird sich daraus vielleicht eine Antwort ergeben, die dir mehr Klarheit in dieser Sache verschafft.

Wenn der Körper krank oder von etwas infiziert wird, dann hat die Person die Entscheidungsfreiheit, verschiedene Heilmethoden anzuwenden. Jede Krankheit hat unter Umständen unterschiedliche Auswirkungen auf den Einzelnen, und es kann verschiedene Ausprägungen ein und derselben Krankheit geben, welche die Sache noch komplizierter machen.

Beachte dann auch noch, dass es eine Bestimmung im Leben des Individuums gibt und dass manche Personen aufgrund von eigentlich nicht lebensbedrohlichen Krankheiten sterben und andere auch das überleben, was als unausweichlich tödliche Krankheit angesehen wird. Trifft das nicht zu?

Wenn du das alles zusammennimmst und überdenkst, dann wirst du zur Einsicht gelangen, dass es oft mehr Einflüsse gibt, die sich auf das menschliche Leben auswirken, als nur das, was offensichtlich klar vor Augen ist.

Anders und auf einfachste Weise gesagt: Die richtige Heilmethode ist jene, welche die besten Ergebnisse erbringt, auch wenn das bedeutet, alle Dinge miteinander zu mischen.

3. Empfiehlt Spirit manchmal besondere Heilverfahren oder Medikamente, wie sie zum Beispiel der »schlafende Prophet« Edgar Cayce in seinen Trance-Sitzungen als konkrete Therapievorschläge von »Fachleuten« aus dem Jenseits übermittelte?

Erinnert euch daran, dass Spirit euch anleiten und manchmal auch beraten kann, aber wir können niemals euer Leben für euch führen. Damit meine ich, dass wir euch helfen können, Lösungsmöglichkeiten zu finden, aber eine bestimmte Vorgehensweise zu empfehlen würde wie eine Ermunterung zu etwas wirken, was wir ausdrücklich gutheißen. Aber was es auch sei – nichts kann jemals gänzlich vollkommen sein, und das bedeutet: So gut sich eine Empfehlung vielleicht für einige bewährt haben mag, würde sie doch nie dazu führen, dass alle Menschen mit allen Krankheiten geheilt würden. Besonders dann nicht, wenn alle Hoffnung erschöpft ist und das Leben kurz davor steht, beendet zu werden.

Das Medium, das du genannt hast, Mr. Cayce, war mit seiner Arbeit in seiner Zeit sehr wichtig, um das Bewusstsein bestimmter Menschen für die Möglichkeit zu öffnen, dass es ein höheres Wissen gibt. Aber selbst damals konnte seine Arbeit nicht alles Übel auslöschen, weil es in der menschlichen Welt immer eine Fülle von Krankheit, Beschwerden und natürlich Tod gibt.

Ich würde sagen, dass du, wenn es einen Heiler in deinem Umfeld gibt, von ihm oder ihr das annehmen solltest, was passt und was wirkt, und dass du auch aus der Gesamtsituation lernen solltest, nicht nur aus dem Aspekt der Heilung.

Es ist wesentlich, dass ihr beachtet, dass dieses Medium ein Vehikel darstellte, damit größere medizinische Kenntnisse auf diese Erde kamen – in einer Zeit, als die Medizin große Fortschritte machte. Viel von dem, was gechannelt wurde, richtete sich genauso an Mediziner ganz allgemein wie an die jeweiligen ratsuchenden Patienten.

Zeit bringt Veränderung mit sich und vieles von dem, was früher geschehen ist, ist für das Hier und Jetzt nicht mehr relevant. Ihr müsst also lernen, euren Geist zu öffnen und klarer das zu erkennen, was auf eine realistische Weise nützlich ist, und das, was nur fantasievoll und sinnfrei ist.

4. **Wie schätzt Spirit eine Reihe von sehr populären »New Age«-Heilmethoden ein, wie Touch for Health, Reiki, Quantenheilung, Engelheilung, Farbtherapie, Bachblüten, Atemtechniken, Entspannungsmethoden, Schamanismus, Huna, tibetische Puls-Diagnose und so viele mehr?**

Heilung ist Heilung, und euer Körper braucht während eurer irdischen Reise viele Male Reparaturen und Behandlungen.

Du erwähnst viele Arten von Heilung und ich bin gewiss, dass jede ihre Berechtigung besitzt im Hinblick auf das, wofür sie eingesetzt werden und was sie richten soll. Aber ich bitte euch erneut, den gesunden Menschenverstand einzusetzen, wenn es darum geht, Körper oder Gemüt des Menschen zu reparieren.

Man sollte die medizinische Behandlung suchen, die der Krankheit entspricht. Wenn der Körper nur eine geringe Beeinträchtigung oder nur eine milde Infektion hat, bedarf es meistens nicht der Unterstützung eines Arztes oder eines außergewöhnlichen Heilers, der auf einer sehr hohen Ebene arbeitet. Und es bedarf auch nicht eines starken Medikaments, um eine leichte Unpässlichkeit zu behandeln.

Und das Gleiche gilt auch für all die Arten von Heilverfahren, die du erwähnt hast. Die Begriffe, die du verwendet hast, sind nur Worte. Es geht um die Person, welche die Heilung durchführt – sie ist entscheidend. Insbesondere die Echtheit, mit der sie ihre Gabe oder Fähigkeit anwendet. Gleichermaßen würdest du jemanden, der die höchste Form der medizinischen Behandlung braucht, nicht vor einen Heiler setzen, der bekannt dafür ist, Warzen zu besprechen.

Nein, seid in euren Entscheidungen vernünftig, wann immer das möglich ist, und erinnert euch daran, dass die überwiegende Heilung, die der menschliche Körper benötigt, im Inneren liegt. Wenn ihr eine Möglichkeit seht, euer Bewusstsein auf eine höhere Ebene zu heben, dann wird der Körper mit Sicherheit folgen.

5. **Was meint Spirit zu Strahlung? Wir sind ständig einer wachsenden Zahl unterschiedlicher Strahlungen ausgesetzt – von Handys, elektromagnetischen Quellen wie Computern, elektrischen Hochspannungsmasten und so weiter. Stellen solche Strahlungen ein Gesundheitsrisiko dar? Beeinflussen sie womöglich auch unser Bewusstsein?**

Es gibt hier zwei Antworten auf diese Frage. Eine lautet: Es besteht für den Körper immer eine Gefahr durch subatomare Partikel, die eine Strahlung besitzen und aktiviert sind. Aber: Da sich die Form des Menschen anpasst und weiterentwickelt, werden die jüngeren Generationen dieser Welt von solchen Giften weniger beeinträchtigt.

Verstehst du das?

»Ja!«

Sie entwickeln aufgrund ihrer Natur eine Widerstandsfähigkeit dagegen.

»Mmh.«

Leider haben die Menschen deiner Generation nicht dieselbe Widerstandsfähigkeit, denn ihr habt noch keine Immunität über eure Eltern und von den Generationen davor mitbekommen, da sie diese Gifte in der physischen Welt noch nicht absorbiert haben. Aber die ganze Welt ist, wenn man so will, inzwischen viel radioaktiver geworden.

»Die Person, die mir diese Frage mit auf den Weg gegeben hat, meinte nicht nur Radioaktivität, sondern elektromagnetische Strahlen, wie von Mobiltelefonen oder von elektrischen Strömen, die eine Art von elektromagnetischen Feldern erzeugen – nicht nur Radioaktivität.«

Entschuldige, ich habe vor 1500 Jahren auf der Erde gelebt … Ich brauche einen Moment, um mit der modernen Technologie gleichzuziehen, aber ich mache das jetzt. …

Okay. Es ist derselbe Effekt, den ich vorher beschrieben habe.

»Aha.«

In dem Mechanismus, den du erwähnst, steckt eine Art von Radioaktivität, die für die modernen jungen Menschen weniger giftig ist. Der Fortschritt und die Evolution führen dazu, dass die neuen Formen von Leben[8] auf die-

8 Master Chi meint hier immer noch Menschen der jüngeren Generationen, nicht etwa bisher völlig unbekannte Lebensformen, wie sich auf Nachfrage später klar herausstellte. (Anm.d.Ü.)

sem Planeten von diesem Mechanismus nicht mehr so beeinträchtigt werden.

Für die ältere Generation besteht jedoch tatsächlich ein gewisses Gesundheitsrisiko – allerdings wirkt sich das nicht darauf aus, wann sie sterben! Das ist bereits vorherbestimmt, und kein Handy in dieser Welt kann daran etwas ändern.

6. Was passiert eigentlich bei sogenannten medialen Heilungen durch philippinische oder brasilianische Medien, die manchmal auch das durchführen, was man »psychische Chirurgie« nennen könnte, wobei Körper mit bloßen Händen »geöffnet« und Menschen »geheilt« werden. Wie kann man solche Phänomene erklären?

Man kann es versuchen. Die Vorgänge, die du beschreibst, weisen alle auf ein menschliches Ritual und eine Zurschaustellung von Kräften hin, nicht auf spirituelle Heilung bzw. Geistheilung. Wenn du eine gewisse Erkenntnis darüber besitzt, was Spirit ist und wie er wirkt, dann wirst du sehen, dass eine solche Zurschaustellung als aufdringlich und eingreifend[9] eingeordnet werden muss. So etwas hat weniger mit Geist zu tun, als du vielleicht weißt.

Denkt auch daran: Der menschliche Geist ist aus eigenem Recht sehr machtvoll. Manche Menschen haben gelernt, ihren Geist so zu trainieren, dass sie paranormale Erscheinungen und anscheinend übermenschliche Ereignisse bewirken können.

9 In der englischen Vorlage: … *forceful and intrusive* … (Anm.d.Ü.)

Es macht mehr Sinn, davon auszugehen, dass diese Art von Chirurgie ein niederes Phänomen ist und der irdischen Welt näher als der Geistigen Welt steht. Ihr müsst euch nur daran erinnern, dass Spirit nicht-physisch ist und deshalb (echte Geistheilung)[10] den Körper mit Heilung durchdringen kann, ohne dass es der Patient überhaupt bemerkt.

Bewahrt dieses Bild in eurem Geist, wenn ihr in der Zukunft an spirituelle Heilung denkt. Spirit ist in allen Vorgängen und Verfahren immer sanft. Wo Formen von Gewalt bestehen, stammt das aus der physischen Welt. Und denkt auch daran, dass nicht alles, was ihr zu sehen glaubt, wirklich passiert.

Und ich möchte euch auf noch etwas hinweisen: Was ist bei diesem Thema wichtiger – das sogenannte Phänomen oder die Heilung?

7. Mutter Teresa wurde manchmal dafür kritisiert, dass sie angeblich »nichts« täte, um die kranken und sterbenden Menschen zu heilen, um die sie und ihre Nonnen sich kümmerten, und dass sie diese Menschen lediglich bis zur Schwelle in eine andere Form des Daseins begleitete. Gibt es Umstände und Zeiten, in denen es wichtiger ist, einfach bei einem Schwerkranken zu sein, auch bei einem, der im Koma liegt, und nicht mehr alle möglichen Therapien, Medikamente und Maschinen einzusetzen? Anders gefragt:

10 Der Einschub stammt der besseren Deutlichkeit halber vom Übersetzer, nach Absprache mit dem Autor.

Ist Heilung manchmal vielleicht gar nicht mehr das höchste und letzte Ziel, sondern einfach da zu sein und anzunehmen?

Das Wort »annehmen« ist entscheidend, wenn wir von Heilung sprechen. Das Annehmen kann das erste Stadium der Heilung von vielen Dingen sein, nicht zuletzt auch in der Trauerphase, wenn ein lieber Mensch auf die andere Seite hinübergeht.

Der Wunsch, denen beizustehen, die sterben, ist ein Akt des Mutes in eurer Welt. Die Dame, die du erwähnt hast, war weise und hat sich entschieden, ihrer Weisheit im Hinblick auf Sterben und Tod zu folgen. Das kann nur jemand leisten, der spirituell höher entwickelt ist und weiß, dass der Todeskampf einer sterbenden Person nur auf der emotionalen Ebene stattfindet – was jedoch verhindert werden kann, wenn eine Begleitperson den Tod annimmt und auch die mentale Stärke besitzt zu wissen, dass der kurz bevorstehende Tod ein natürlicher Teil des Lebens ist.

Es gibt eine Zeit, ab der keine Behandlung und keine Medizin die ausklingende Lebenskraft wiedererwecken kann. Dann muss Weisheit die Oberhand gewinnen, und Akzeptanz muss das Verhalten anleiten dürfen.

Wenn ihr nur wüsstet, wie bewusst sich die Sterbenden der Geistigen Welt sind, während sie hinübergehen und oft auch schon vor ihrem Übergang, dann würdet ihr nicht versuchen, ihr Leben nur um einen Augenblick mehr zu verlängern, als notwendig ist.

Du wirst im Verlauf deines Lebens lernen, dass es manchmal besser für eine Situation ist, nichts zu tun außer dem anderen Liebe und Fürsorge zu geben. Die Macht dieser Dinge darf man nie unterschätzen. Schließlich sind sie die Hauptfaktoren für reine Heilung.

8. **Wie kann man psychologische Verletzungen und Traumata heilen? Wie kann man Wunden heilen, wenn Menschen körperlich oder seelisch bedrängt, missbraucht oder vergewaltigt wurden, wenn sie abgeschrieben und »weggeworfen« wurden, und so fort? Wie geht man am besten mit emotionaler Heilung um? Sollte man die alten Traumata wieder erleben und durcharbeiten? Oder sie vergessen und weiterleben? Welche hilfreichen Hinweise kann Spirit geben?**
   Die emotionale Heilung, nach der du fragst, unterscheidet sich von der physischen Heilung nur insofern, als man sie in den meisten Fällen erst vom Verstand her verstehen muss, bevor man die Verletzung loslassen kann. Das ist anders als beim Körper, der so geheilt werden kann, dass die Ergebnisse dort sichtbar sind, wo eine Beschwerde vorlag und wo der Körper dann wieder normal funktioniert. In solchen Fällen wird der Geist dem Körper auftragen, wieder normal zu funktionieren.

   Bei emotionalen Verletzungen kann der Verstand dieses Geschehen jedoch in die finstersten Tiefen verbannen und dort lange »gefangen« halten. Deshalb muss bei der Heilung von solchen Traumata der Geist seine Geheimnisse erst einmal wieder in das Licht des Alltagsbewusstseins bringen, um sie dann zu verarbeiten. Diese Vorfälle müssen zunächst einmal als existent akzeptiert werden, bevor echte Heilung und Befreiung von solchen Belastungen des Herzens erfolgen kann.

Ich habe es in vielen Antworten erwähnt: Wenn wir über den menschlichen Geist sprechen, ist jedes Bewusstsein individuell und wird deshalb auf seine eigene Weise voranschreiten und sich in seiner eigenen Zeit entfalten. Es gibt so viele Beispiele, bei denen tiefe emotionale Traumata nicht während der Lebenszeit eines Menschen aufgelöst wurden und dann in einem künftigen Leben zurück in die irdische Welt mitgebracht werden, um bearbeitet und gelöst zu werden.

Es gibt kein Maß an Heilung irgendeiner Art, das ein Individuum zwingen kann, seine emotionalen Schmerzen loszulassen. Das geschieht nur dann, wenn sich der Patient an einem Punkt in seinem Leben befindet, an dem er davon frei sein oder ein neues Verständnis dafür finden möchte.

Eure eigene menschliche Einstellung ist ein wunderbares Werkzeug, um an euren Emotionen zu arbeiten. Wenn ihr erkennt, dass ihr mithilfe der Kraft eures eigenen Bewusstseins eure Einstellung verändern und erheben und eure innere Kraft am wirkungsvollsten anwenden könnt, dann habt ihr eine gute Chance, auf der emotionalen Ebene zu heilen.

Die menschliche Rasse ist so mannigfaltig, und manche von euch kommen in diese Welt, um ein Leben zu führen, das anderen ein Vorbild ist. Wie mutig sind jene, die Leiden auf sich nehmen, um anderen zu zeigen, dass dies gelingen kann! Es gibt in der Geschichte der Menschheit so viele Beispiele von Mut, der Leiden besiegt, und das sollte uns als Vorbild dienen, wenn es darum geht, auf der emotionalen und mentalen Ebene zu heilen.

Ob du Patient bist oder Heiler und gleich, um welche Formen von Heilung es geht: Erinnere dich an Güte, für dich selbst und für andere.

9. **Man hört manchmal den Begriff »Seelenheilung«. Wie ist das aus der Perspektive von Spirit: Ist die Seele, der individuelle »Tropfen« oder »Funke« von Spirit nicht immer ganz und heil und braucht gar keine Heilung? Und sind es nicht nur die Persönlichkeit, das Ego, die Umstände, mit denen sich eine Person identifiziert, die vielleicht geheilt werden müssen? Oder kann die Seele, der individuelle Spirit doch einmal »krank« sein und dann Heilung brauchen?**

Du stellst so viele Fragen in einer, dass ich – wenn du nichts dagegen einwendest, mein Freund – sie in mehrere aufteilen werde, damit die Antworten überhaupt einen Sinn machen können.

Als Erstes fragst du nach Selenheilung, nicht wahr? Der Begriff »Seele« wird von Menschen verwendet, um einen höheren Teil ihrer selbst zu bezeichnen. Wenn man das im Hinterkopf behält, ist es so: Je höher du in deinem Bewusstseins reist, desto geringer ist die Möglichkeit, dass du aus dem Gleichgewicht gerätst. Also, nein, die Seele – und ich nehme an, dass du vom Spirit bzw. vom höheren Bewusstsein sprichst – wird nicht krank.

Nun gibt es in eurer Welt viele verschiedene Worte und Bezeichnungen für das höhere Bewusstsein. Ich höre, dass manche von euch dies Spirit nennen, andere Seele oder Bewusstsein. Alle diese Begriffe benennen ganz deutlich höhere Anteile des menschlichen Wesens. Also hängt euch nicht allzu sehr an diversen Worten dafür auf und entscheidet euch einfach, welche ihr verwenden wollt. Vermeidet jedoch, wo es möglich ist, Spirit in viele Teile aufzuspalten.

Es ist schon schwierig genug für euch zu begreifen, dass ihr ein physisches Wesen seid, das eine höhere Lebenskraft hat. Also braucht ihr diese spirituelle Essenz nicht noch in ein in sich vielfach getrenntes Wesen aufzuteilen.

Noch einmal ganz einfach gesagt: Der höhere Anteil eurer selbst wird nicht krank, sondern nur die physischen und emotionalen Aspekte, die dem Verfall der irdischen Existenz unterliegen, die sich schließlich auflöst. Wenn wir also an Heilung denken, sollten wir im Blick behalten, dass sie nicht von Dauer ist und dass sie nur stattfindet, wenn es sein soll. In anderen Worten: wenn es Zeit für Heilung ist.

Rückschau

Heilen steht im Mittelpunkt meiner Tätigkeit als Medium. Ich glaube fest daran, dass man auch ein guter Heiler sein muss, wenn man ein gutes Medium sein möchte. Denn schließlich geht es bei der Anwendung von Medialität darum, Menschen, die voller Kummer sind, anzunehmen und sein Bestes zu versuchen, um wieder Glück und Freude in ihr Leben zu bringen.

Ich finde es faszinierend, dass die Geistige Welt sich uns zeigt und bereit ist, uns verstehen zu helfen, wie Heilenergie wirkt und wie man damit arbeitet. Allerdings sprechen die Geistführer häufig darüber, wie wichtig die rechte Zeit für Heilung ist.

Chi erwähnt oft, dass Heilung nur dann geschieht und nur dann die erwünschte Wirkung von Heilmaßnahmen eintritt, wenn es auch die richtige Zeit dafür ist. Wenn dies so stimmt, habe ich mich immer gefragt, ob es nicht eine Zeitverschwendung war, dass ich in meiner Ausbildung so vielen Menschen Heilung gegeben habe. Daher bat ich einmal eine Teilnehmerin in meinem Zirkel, meinen Geistführer beim nächsten Mal dazu zu befragen, wenn er sich in einer Trance-Sitzung melden würde. Er hat uns so geantwortet:

»Jede Heilung ist wichtig, auch wenn ihr meint, ihr hättet keine positive Wirkung auf eure Klienten oder ihr hättet sie oder ihn nicht kurieren bzw. von den Beschwerden befreien können. Allein die Durchführung hebt eure Schwingung auf eine spirituellere Höhe und dient auch als Vorbereitung für die nächste Person, mit der ihr arbeiten werdet.

Mein Medium wird es verstehen, wenn ich euch sage, dass während der Heilsitzungen, an denen er teilnimmt, immer etwas geschieht. Zunächst muss man verstehen, dass es um den Austausch von Energien zwischen zwei Menschen und sogar auch zwischen euch und der Geistigen Welt geht. Damit passiert immer etwas Positives, selbst wenn es vielleicht nicht das wäre, was ihr erwartet.

Die Menschen, die zu Gordon in den frühen Tagen seiner Arbeit als Medium und Heiler kamen, wurden ihm gebracht, damit er übt und mehr Vertrauen in seine Fähigkeiten bekommt, so wie ein Medizinstudent anfangs nur die einfachsten Dinge über Anatomie lernen und anwenden darf, bevor er seinen nächsten Schritt macht.

In Gordons späterer Arbeit kamen Menschen mit ernsteren Beschwerden zu ihm. Er war nun bereits von Spirit geschult, auch zum richtigen Zeitpunkt zu heilen, aber das wäre ohne die vorherige Praxis nicht möglich gewesen. Ohne diese Übungen hätte er diese Kräfte nicht channeln können.

Es ist wesentlich, mein Medium daran zu erinnern, dass bei echter Heilung Menschen das bekommen, was sie wirklich brauchen, was aber nicht unbedingt das ist, was sie selbst oder auch der Heiler möchten.«

Als ich mir diese Botschaft wieder anhörte, erinnerte sie mich daran, dass ich beim Heilprozess nur das Gefäß bin, da ich als Medium nur so klar und offen wie möglich sein und versuchen kann, mein Bestes zu geben, wer immer auch kommt und um Hilfe bittet. Manchmal sind wir so beflissen, ein gutes Werk zu tun und zu helfen, dass wir dabei vergessen, dass es eine höhere Macht als uns gibt, die mehr sieht, als wir es tun, und die den korrekten Vorgang kennt, der zur Heilung befolgt werden muss. Mir kommt da der Begriff Vertrauen in den Sinn, einfach vertrauen.

Liebe und Lieben

Einführung

Es gab so viele Zusammenkünfte, bei denen die Leute Fragen über die Liebe an die Geistführer gestellt haben. Die meisten Menschen wollten im Zusammenhang mit dem Thema Liebe etwas über Beziehungen wissen, und sie wollten Bestätigung dafür erfahren, dass die Liebe in einer Beziehung okay ist. Denn so viele Leute stellen fest, dass die höchste Liebe, die sie in diesem Leben je erfahren haben, die Liebe zwischen zwei Menschen ist.

Ich erinnere mich an eine Gelegenheit, als eine Frau meinen Geistführer fragte, ob sie in den Augen Gottes verurteilt würde, weil sie einerseits verheiratet sei, aber auch noch drei Liebhaber habe, die sie gleichermaßen liebe und nicht aufgeben könne.

Sie erhielt umgehend eine Antwort: »Madame, selbst wenn Sie verurteilt würden, für Ihre Untreue oder für Ihr Liebesleben, würde ein solches Urteil doch keine Wirkung haben. Sie würden doch an Ihrer Situation gar nichts ändern, oder doch?«

Sie antwortete: »Nein, denn ich liebe mich selbst und alle Männer, mit denen ich eine Beziehung habe. Ich würde so weitermachen.«

Ich lache immer noch laut auf, wenn ich die Abschrift dieser Trance-Sitzung lese. Aber mein Geistführer erinnert uns immer wieder daran, dass es alle möglichen Arten von Personen geben muss, um diese menschliche Welt zu gestalten.

Fragen und Antworten

1. **Ist es im Leben wichtig, zu lieben oder geliebt zu werden? Kannst du Liebe erklären?**
   Lass mich den letzten Teil deiner Frage zuerst beantworten. Du fragst, ob ich Liebe erklären kann. Nun, das ist eines der am schwersten erklärbaren Dinge, mein Freund. Im Kern und ganz einfach ausgedrückt ist Liebe eine Kraft, eine Energie, eine Konstante, die immer und überall in allen Lebensbereichen existiert.

   Liebe ist in dir und in allen Lebewesen. Manchen ist das offensichtlich, anderen nicht. Aber sie ist immer präsent, wo es Leben gibt. Aber für jetzt wäre es klug, die Sache einfach zu lassen.

   Ist es wichtig, in deinem Leben zu lieben und geliebt zu werden? Die Antwort darauf lautet Ja. Zunächst einmal ist es wesentlich zu wissen, dass ihr geliebt werdet – von eurer Mutter vom Augenblick der Geburt an und vom Vater, als er das erste Mal sein Kind mit seinen Augen anblickte.

Die Kraft dieser unsichtbaren Energie ist das, was die Eltern mit ihrem Nachwuchs verbindet. Und sie ist auch das erste Angebot der unsichtbaren Energie, die alle drei in diesen Anfangsstadien ihres Zusammenseins aneinander bindet. Die Unschuld des Kindes in dieser Situation bewegt die Eltern dazu, Fürsorge und Mitgefühl zu spüren, das Kind zu beschützen und es zu nähren. All das wird dann das Band der Liebe zwischen ihnen nur weiter stärken.

Vom Zeitpunkt des ersten Eintretens in diese Welt sollte jeder erfahren, wie es sich anfühlt, geliebt zu werden. Dieses Gefühl ist etwas, was ihr euch während der meisten Zeit eures Menschenlebens später wünschen werdet.

Wenn ihr in eurem menschlichen Leben Liebe erfahren habt, dann werdet ihr euch bemühen, auch andere zu lieben. Denn Liebe ist ihrem Wesen und ihrer Natur nach eine Essenz, die fließen will und die einfacher zu erkennen ist, wenn man sie gibt und wenn sie von zwei Menschen gleichzeitig zueinander gesandt wird.

Die Bedeutung davon, zu lieben und geliebt zu werden, liegt darin, zu erfahren – und sei es auch nur für einen Moment – welcher Unterschied im Leben besteht, wenn viel Liebe existiert oder wenn sie eher abwesend ist.

Versucht euch einen Augenblick lang vorzustellen, wie es wäre, wenn ein neugeborenes Kind in diese Welt gelangen und nicht sofort geliebt würde. Wenn es keine Liebe gibt, dann wird Angst die Oberhand gewinnen. Das wird euch helfen, einige Beispiele von menschlichem Fehlverhalten nachzuvollziehen, die es immer wieder einmal gibt und die einfach nur entsetzlich sind. Ein derartiges schlimmes Verhalten stammt aus einem Herzen, das von Angst erfüllt ist und der Liebe ermangelt. Nun begreift ihr, warum es so entscheidend für das menschliche Wesen ist, zu lieben und geliebt zu werden.

2. Ist es für uns vorherbestimmt, in diesem Leben Liebe zu finden?

In gewisser Hinsicht ist es euch tatsächlich vorherbestimmt, Liebe zu finden bzw. erneut mit denen in Beziehung zu treten, die offen für die Liebe sind, die ihr in euch habt. Ich vermute allerdings, mein Freund, dass du eher über partnerschaftliche Verhältnisse sprichst, weniger über die Liebe von Eltern oder zwischen Freunden, nicht wahr?

»Ja.«

Nun, in manchen Fällen ist es Teil der Abmachung, dass du bestimmten Individuen begegnest und während deiner Lebenszeit auf der Erde eine Partnerschaft aufnimmst. Es kann in solchen Verbindungen auch Liebe geben, aber oft werden solche Episoden geschaffen, damit beide Parteien neue Empfindungen und Erfahrungen gewinnen. Und damit dauern auch vorherbestimmte Begegnungen nicht immer lange an.

Diejenigen unter euch, die weise sind, werden solche Begegnungen für das Ende der menschlichen Lebenszeit abmachen, damit ihr beide einander in die Geistige Welt nachfolgt und dann das Band menschlicher Liebe mit euch bringt.

In Wahrheit gibt es derart viele unterschiedliche Szenarien und Weisen, wie sie sich darstellen, wenn es um menschliche Liebe geht. In jedem Leben wird der Einzelne viel dadurch lernen, dass er die Existenz von Liebe in seinem Leben erfährt und anerkennt. Es gäbe darüber noch mehr zu sagen, aber andere wollen zu diesem Thema ja auch noch Fragen stellen.

3. **Gibt es so etwas wie einen Seelenpartner? Und falls es das gibt, hat dann jeder Mensch einen Seelenpartner, weil es sich manchmal so anfühlt, als ob es zumindest für einige Leute keinen gäbe?**

So, jetzt beantworte ich meine eigene Frage, liebe Freunde, denn genau darüber wollte ich soeben eigentlich weiter sprechen, über diesen Begriff, der von euch heutzutage so oft verwendet wird: Seelenpartner.

Ja, es gibt Menschen, die eine sehr tiefe Liebe füreinander fühlen und nun annehmen, dass eine solche Liebe über die menschliche Welt und die begrenzte Zeit, die sie zusammen verbringen, weit hinausgeht. Sie haben insofern recht, als jede kostbare Liebe größer als die menschliche Existenz ist und sie überdauern wird, weil Liebe – anders als das menschliche Leben – sich über die Zeit erhalten kann, denn sie hat nichts mit Zeit zu tun. Und sie wird jenseits dessen, was euer begrenzter Verstand erfassen kann, andauern. Liebe kann sogar zur Ursache dafür werden, dass eure mentalen und emotionalen Horizonte ausgedehnt und dass euer Bewusstsein und eure Auffassungsfähigkeit erweitert werden.

Aber denkt daran, dass ihr all das auch ohne die Unterstützung durch eine andere Person tun könnt, aufgrund eurer eigenen Einstimmung und Absicht. Aus menschlicher Sicht scheint es manchmal so zu sein, als ob tiefe menschliche Liebe das Größte ist, was ihr erleben könnt. Für viele stimmt das auch. Aber jeder von euch besitzt die Fähigkeit, auf dieselbe Weise zu lieben, wie es zwei Menschen tun, die davon ausgehen, dass ihre Spirits übereinstimmen und vollkommen darauf ausgerichtet sind, sich gegenseitig durch alle Ewigkeit zu begleiten.

Eine solch tiefe Liebe zwischen Menschen wird manchmal auf übertriebene Weise als himmlisch bezeichnet, aber das liegt an den menschlichen Emotionen, die über Grenzen hinaus gestoßen werden, die man sich hätte vorstellen können.

Liebe wird immer größer sein als der oder die Liebende, und sie sollte als das erfahren werden, was sie ist. Erlaubt euren menschlichen Emotionen nicht, mit euch auf und davon zu laufen, wenn es um Liebe geht. Seid weise und erkennt, dass alle Liebe, die ihr braucht, in euch ist.

4. Warum ist es so, dass manchmal jemand einen anderen liebt und dann nach einer gewissen Zeit die Liebe für ihn oder sie verliert? Warum dauert Liebe nicht ewig?

Mein Freund, Liebe ist die Konstante im Leben. Menschen sind unbeständig, die Gefühle von Menschen können sich häufiger ändern als das Wetter rund um den Planeten. Erinnert euch einfach daran, Liebe zu fühlen – etwas steigt in euch auf, euer Herz wird in einen höheren Zustand erhoben.

In diesem erhöhten Zustand könnt ihr Liebe finden und in euer Herz einlassen. An diesem Punkt kann Liebe einem anderen aus dem Herzen gegeben werden. Wenn sich das ereignet, fühlen sich die Leute irgendwie anders, und sie haben keine Idee, wie sie diese höhere Erfahrung beschreiben sollten. Sogar Dichtern oder Künstlern fällt es schwer, Liebe in Worten auf Buchseiten oder in Farben auf Leinwand auszudrücken.

Stimmt es nicht, dass während der Erfahrung, verliebt zu sein, der menschliche Verstand und Geist gar nicht normal funktioniert? Wäre es also nicht zutreffend zu sagen, dass die menschliche Verliebtheit ein veränderter und erweiterter Bewusstseinszustand ist, fast so, als ob man sich in einer leichten Trance befände?

Es gibt so viele Weisen, Liebe in der menschlichen Welt zu leben und zu deuten, aber nur dann, wenn es dir schwerfällt, es in Worte zu fassen, bist du der echten oder wahren Liebe nahe. Reine Liebe ist oberhalb des normalen Alltagsbewusstseins und kann nur von einem Herz erreicht werden, das offen und erhoben ist und in der Lage, mithilfe von Mitgefühl und großer Sehnsucht zu geben und zu teilen, um wirklich vorwärtszukommen.

Einfach gesagt: Wenn du Liebe spürst, schätze und pflege sie, öffne dein Herz für sie, achte sie – dann wird sie dir wieder begegnen.

5. Ist es möglich, dass wir uns in jeder Reinkarnation wieder in dieselbe Person verlieben und uns einfach nicht mehr daran erinnern?

Wenn das so wäre, gäbe es aber wirklich sehr viel für die beiden beteiligten Personen zu lernen. Denn es würde ja der Erleuchtung nicht allzu sehr dienen, wenn man wieder und wieder dieselben Erfahrungen machen würde, ohne dabei irgendwelche Fortschritte zu erzielen.

Hinter dieser Vorstellung steckt ein menschliches Ideal, das auf einer emotionalen Bindung beruht, die du mit gewissen Menschen während eines Lebens bildest. Wird es dich überraschen zu hören, dass du in jedem Leben dasselbe gefühlt hast, nur mit anderen Personen? Wenn es so liefe, würde es doch deutlich sein, dass die Lektion, die man nicht gelernt hat, die Ursache für eine Bindung im nächsten Leben ausmacht, nicht jedoch immerwährende Liebe für einen anderen.

Kinder der Erdenebene, es ist verständlich, dass ihr an eurer Liebe für immer festhalten möchtet. Ich möchte euch versichern, dass ihr das könnt und werdet, aber nicht auf die begrenzte Weise, wie euer menschlicher Verstand sich das vorstellt.

Nein, ihr müsst offen für Liebe sein und die Lektion annehmen und lernen, die mit jeder Episode auf euch zu kommt. Glaubt mir, wenn ich sage, dass die Liebe jenseits des menschlichen Verstands sehr viel umfangreicher ist, als ihr bisher auf dieser Ebene erkennen könnt. Auf einer spirituelleren Ebene erkennt ihr alle das jedoch schon, auch jetzt, während ich mit euch spreche, und meine Worte werden euch helfen, diese höhere Betrachtungsweise zu erreichen. Lasst es eine Zeit lang einfach auf euer Bewusstsein wirken.

Das Einfachste, was ich euch derzeit über die Liebe sagen kann, ist, dass ihr euch nicht anstrengen und abkämpfen müsst, wenn Liebe bei euch ist – lasst einfach los.

6. Finden wir immer geliebte Menschen vor, wenn wir in die Geistige Welt eingehen?

Ja. So lautet die Kurzfassung der Antwort auf deine Frage. Aber ich habe ja inzwischen gelernt, dass ihr mehr technische Elemente und Angaben hören wollt, wenn es um solche Angelegenheiten geht.

Es ist für jene, die in die Geistige Welt zurückkehren, wichtig zu erkennen, dass ihre physische Existenz beendet ist. Die einfachste Methode, einen Übergang zu finden, der so sanft wie nur möglich ist, besteht darin, dass Menschen, die sie kennen und mögen und die bereits in der Geistigen Welt sind, auf die Neuankömmlinge warten und sie in den höheren Seinszustand geleiten.

Es ist auch notwendig, eine gewisse Anpassung vorzunehmen, insofern als der Spirit, der bereits in der Geistigen Welt ist, demjenigen, der gerade erst zurückkehrt, dabei hilft, seine Schwingung zu erhöhen.

Vieles von dem, was ich gerade berichte, klingt sehr nach einem Begrüßungskomitee auf der Ebene der Erde, aber es passiert viel mehr auf einer höheren Ebene, als ich beschreiben kann. Deshalb möchte ich es jetzt im Hinblick auf die gestellte Frage dabei belassen.

7. **Viele spirituelle Lehren sagen, wir sollten lernen, uns untereinander zu lieben. Aber wie kann man lernen jemanden zu lieben, der böse zu uns ist oder grausam zu Menschen, die wir lieben?**

Ich denke, es würde dir leichter fallen zu versuchen, sie mehr zu lieben als sie mehr lieben zu müssen. Du bist nicht der Herr über die Liebe, aber du hast Kontrolle über deinen eigenen Verstand, deinen Geist und deine Einstellung.

Wenn dir jemand unrecht getan hat, kannst du vielleicht keine tiefe Liebe empfinden, aber du kannst dein Herz und deinen Geist öffnen und versuchen, sein schlechtes Verhalten zu verstehen, und dann kann sich in dir etwas zum Guten verändern. Dieser Sinneswandel kann dann auch ein Umdenken mit sich bringen, und damit sind die Samen der Liebe gesät worden.

Manche Lehren in der menschlichen Welt sind sehr direkt und lassen den Leuten nicht viel Spielraum oder individuelle Beweglichkeit. Ich sage euch dazu nur: Nehmt alle Lehren auf einer Ebene, wo und wie ihr sie begreift, und wenn ihr das nicht könnt, lasst sie einfach beiseite, bis ihr euch bereit fühlt, sie mit einem frischen Blick neu zu betrachten.

Glaubt nicht einen Moment lang, dass ihr alle spirituellen Lehren in einer einzigen Lebenszeit nachvollziehen und erfüllen solltet; das wäre für jedermann unmöglich.

Es mag dir schwerfallen, die Tatsache anzuerkennen, dass Leute, die andere verletzen oder sich in eurer Welt unangemessen verhalten, von anderen Leuten geliebt werden oder dass sie irgendeine Form von Mitgefühl verdienen. Aber denke darüber einmal auf die folgende Weise nach: Wenn es nicht die Menschen gäbe, die in eure Welt kommen, um schlimme Handlungen auszuführen, wie würden dann die Massen, die daraus etwas lernen, überhaupt neue Erkenntnisse gewinnen?

Ich erinnere dich wieder daran, dass du dich bemühen solltest, das zu begreifen, was dir Frieden bringt, und das beiseite zu lassen, was dich verstört – zumindest eine Zeit lang. Liebe die, die du liebst, nach besten Kräften. Dadurch wirst du deiner Welt wirklich helfen.

8. Ist die Liebe, die wir in der irdischen Welt fühlen, so, wie wir Liebe auch in der Geistigen Welt erfahren, oder gibt es da Unterschiede?

Liebe ist Liebe, mein Freund. Sie ist immer gleich, egal wo sie ist. Nur das Individuum unterscheidet sich in dem Ausdruck, den es ihr gibt, das ist alles.

Ich möchte zu diesem Punkt noch hinzufügen, dass es leichter ist, in der höheren Welt zu lieben, weil Liebe dort besser und leichter verstanden wird und weil es sie dort auch im Überfluss gibt und sie gewissermaßen Teil der Atmosphäre ist.

Aber es gibt auch Menschen in dieser menschlichen Welt, die ihr Bewusstsein in einen solchen Zustand der Wonne und Glückseligkeit erheben können, dass sie Grenzen durchbrechen und die Höhen der Geistigen Welt schmecken, während sie noch hier in dieser Welt geerdet sind.

9. Wenn ein Lebenspartner stirbt und die andere Hälfte findet eine neue Liebe, wie wirkt sich das dann auf den Partner in der Geistigen Welt aus? Und treffen sich alle später im Nachleben?

Das ist eine gute Frage und eine, die für Sie sicher stimmig ist, Madame. Ich spüre, dass Sie tatsächlich einen Ehemann an die Geistige Welt verloren und dass Sie inzwischen eine neue Liebe gefunden haben, mit der Sie Ihr Leben teilen.

Ich habe im Augenblick keinen Auftrag, Ihnen eine Botschaft von Ihrem ersten Mann zu geben, möchte Ihnen jedoch Folgendes sagen: Er ist sehr glücklich darüber, dass Sie wieder Liebe gefunden haben, und er sagt, dass er sich darum gekümmert hat, Ihnen Ihren neuen Mann zuzuführen. Es freut ihn sehr, dass Sie ihn (den Mann in der Geistigen Welt) so sehr geliebt haben, und dass Sie darauf vertrauen, dass er (der Verstorbene) Sie immer lieben wird. Das ist doch so, oder, Madame?«

»Ja, das ist so.«

Würde es Sie überraschen zu erfahren, dass sie alle drei, bevor Sie auf diese menschliche Welt gekommen waren, diese Abmachung miteinander getroffen hatten? Dass Sie sich verabredet hatten, ein Teil der Einheit liebevoller Wesen zu sein, die es sich ausgewählt haben, zusammenzuarbeiten und gemeinsam zu wachsen?

»Nein, das würde mich nicht überraschen.«

Dann, Madame, haben Sie Ihre Antwort, und ich hoffe, sie wird auch den anderen, die jetzt zuhören, mehr Klarheit bringen.

Oh, bevor wir zur nächsten Frage kommen … George sagt, er bedankt sich bei Ihnen und Ihrem neuen Partner dafür, dass Sie beide in der vergangenen Woche Blumen an seinen Ruheplatz gebracht haben. Ich weiß, dass ich gesagt hatte, dass ich keine Botschaft überbringen könnte, Madame, aber manchmal verändern sich die Dinge eben.

10. Kann uns das Gefühl von Liebe in unserem Leben helfen, oder wachsen wir spirituell, wenn wir lieben und durch die Liebe?

Ich würde sagen, dass du mehr in der Liebe wächst als spirituell. Aber in gewisser Hinsicht entwickelst du dich auch spirituell, wenn du die Lektionen lernst, die mit deinen Beziehungen und der Liebe zu tun haben.

Man denke jedoch dabei auch daran, dass nicht alle Liebesbeziehungen ein ganzes Leben hindurch andauern. Viele bringen Kummer, großes Herzleid und Sorgen mit sich. Wenn es so ausgeht, ist das keine Strafe für den Einzelnen, sondern soll etwas über den Wert von Liebe aufzeigen, wenn es sie gibt, im Vergleich zu solchen Zeiten, wenn sie nicht da ist. Habt ihr das verstanden?

»Ja.« (Die ganze Gruppe bejaht das.)

Versucht einmal, einen Augenblick diesen Gedankengang mitzuverfolgen: Euer menschliches Leben ist wie ein Werkzeug, damit ihr auf spirituelle Weise wachst. Warum ist das so? Weil das verminderte und eingegrenzte Leben des Menschen vom höheren Bewusstsein, von Spirit, beobachtet und begleitet werden kann und weil man etwas daraus lernen kann. Dinge wie Emotionen und Leiden kann man beobachten und etwas daraus lernen, und als Folge gewinnt man Weisheit.

Ich habe in dieser Sitzung auch über Mitgefühl gesprochen, aber wir sollten uns daran erinnern, dass auch Weisheit ein Teil von Liebe ist. Besonders dann, wenn jemand Weisheit besitzt und daher weiß, wie man richtig liebt.

11. Manchmal gibt es so etwas wie »Dreiecksbeziehungen« in der Liebe, und dann tauchen alle möglichen Fragen und Zweifel auf. Mag Spirit sich dazu äußern?

Manchmal verursachen eure menschlichen Emotionen ein derartiges Wirrwarr, sie sind dann wie ein vom Wind zerzaustes Spinnennetz, das um Menschen herum ist, die bestimmte Dinge tun und dabei doch befürchten, dass ihre Handlungen nicht förderlich für die anderen Menschen sind, die daran direkt oder indirekt beteiligt sind.

Schaden, mein Herr, kann man einem Dritten nur dann zufügen, wenn er auf der Ebene dieser Welt etwas von den Vorgängen weiß. Selbstverständlich wird diese Person es eines Tages erfahren, wenn sie in die Geistige Welt hinübergeht. Aber wäre es dann nicht so, dass sie es auch schon gewusst hätte, bevor sie in diese Welt kam, als sie die Abmachung mit der Person getroffen hatte, mit der sie jetzt zusammen ist?

Alle derartigen Verhaltensweisen sind menschlich, sie sind weder richtig noch falsch – es sei denn, dass sie jemanden quälen. Sie können jedoch keinen quälen, wenn sie unbekannt sind. Verstehen Sie das?

»Ja, das beantwortet die Frage voll und ganz, auch das,

was hinter der Frage noch steckte und nicht ausgesprochen wurde.«

Rückschau

Im Verlauf der vielen Sitzungen, an denen ich teilgenommen habe, haben so viele Menschen Antworten auf ihre Fragen nach ihrem Liebesleben und auch über die Liebe im Allgemeinen erhalten.

Ich glaube, dieser Bereich wird uns immer zu Fragen Anlass geben, aufgrund des Wesens von Liebe. Und gleichgültig, wie viele Antworten wir erhalten oder wie viele philosophische Bücher wir darüber lesen, wird der Einzelne doch immer eine individuelle Antwort erbitten. Der Einzelne kann sich gar nicht vorstellen, dass seine Liebe so allgemein sein sollte, dass es einfache Lösungen gibt, die für alle Beispiele und Fälle passen.

Eines ist mir in allen Antworten von Spirit über dieses Thema ganz klar: Spirit spricht über Liebe immer auf eine Weise, die viel höher ist als all das, was wir als Liebe in unserer irdischen Lebenszeit als Menschen erfahren können.

Das zweite, was sehr deutlich wird ist, dass Spirit die Liebe als eine Konstante bezeichnet, und dass wir uns darum bemühen und auf die Suche danach gehen müssen, anstatt zu erwarten, dass sie auf unseren Zuruf hin einfach kommt.

Was Sie auch von der Liebe halten und wie Sie Liebe in Ihrem Leben auch erfahren haben mögen – ich danke Gott, dass es sie da draußen gibt und, wenn wir sehr viel Glück haben, auch hier drinnen.

Von den Herausforderungen unserer Zeit

Einführung

Wir leben in sehr herausfordernden Zeiten, in denen so viele Dinge sehr unsicher sind und in der es nicht viel Hoffnung für eine positive Veränderung in der nahen Zukunft zu geben scheint.

Die meisten der folgenden Fragen wurden in den Sitzungen gestellt, die am kürzesten zurückliegen, und sie alle beziehen sich auf die gegenwärtige Zeit und die Umstände, in denen wir uns jetzt befinden. Wie auch sonst hat Spirit die Fragen mit Leichtigkeit und ohne jedes Zögern aufgenommen. Spirit scheint immer schon zu wissen, was geschieht, lange bevor wir das erkennen.

Ich werde oft gefragt, ob ich Geistführer konsultiere, wenn es in meinem persönlichen Leben Probleme oder Sorgen gibt, und es fällt den Leuten schwer zu glauben, dass ich das tatsächlich nicht mache. Vielleicht, weil ich schon so viele Antworten aus solchen Sitzungen nachgehört und nachgelesen habe und aus ihnen bereits gelernt habe, dass wir uns meistens einfach um das Nächstliegende kümmern und Verantwortung für das übernehmen müssen, was wir selbst tun.

Ein anderer Grund dafür, dass ich Spirit nicht so oft befrage, ist, dass ich meine, es sei nicht immer gut, das Endergebnis einer Situation zu kennen, bevor man eine Gelegenheit gehabt hat, sie ausreichend selbst zu erfahren. Diese Einstellung ist charakteristisch für die Lehren von Chi und anderen Geistführern, mit denen ich arbeite.

Fragen und Antworten

1. **Wenn Erwachen und Aufstieg so großartig und wunderbar sind, warum haben dann so viele Menschen Angst, sich darauf einzulassen?**

   Um es in zwei Worten zu sagen: menschliche Konditionierung.

   Denke daran, dass du aus einem spirituellen Zustand kommst, der weit und offen ist. Du kamst hinein in eine Welt, die eng und begrenzt ist und in der du dich bequem und sicher eingerichtet hast. Nun wirst du aufgefordert, dich erneut zu öffnen und in einen Bewusstseinszustand auszudehnen, der deine irdischen Grenzen sprengt. Du wirst angeregt, Vertrauen in etwas zu setzen, was dir unbekannt erscheint, in einen unsichtbaren »Stoff« ... Es ist klar, dass du dann Angst bekommst.

   Es ist ganz natürlich für jeden in der materiellen Welt, Angst zu empfinden, wenn man gerade erst damit anfängt, die eigenen mentalen und emotionalen Fähigkeiten auszuweiten. Man erkennt Dinge auf eine Weise, die anders ist, als sonst Informationen vom Gehirn aufgenommen werden. Man spürt, dass das Herz etwas erkennt, was wunderbar und erstaunlich ist, einen aber zunächst auch überwältigt. Das ist alles ganz verständlich.

Der spirituell Lernende auf der Ebene der Erde bereitet sich darauf vor, seinen Verstand so zu erhellen, seinen Geist so zu erleuchten, dass das, was seine bisherige menschliche Konditionierung auf Logik und Realität hin war, nun bald auf den Kopf gestellt wird, weil sich neue Möglichkeiten in seinen kontemplativen Betrachtungen und tieferen Meditationen zeigen und aufbauen.

Das ist der Grund, warum es eine Zeit lang dauert, bis sich der menschliche Verstand und Geist in Sachen spiritueller Fortschritt und Dingen wie Angst und Misstrauen so weit öffnet und entwickelt, dass sich ihm echtes Verstehen und Erwachen als eigene Erfahrung offenbaren.

2. Wie kommt es, dass offenbar nur sehr wenige wirklich erfüllende Begegnungen und Beziehungen möglich sind und in unserer gegenwärtigen Phase des Erwachens und der Selbstverwirklichung oder des »Aufstiegs« auch tatsächlich existieren?

In jedem Leben, das du in der menschlichen Welt auswählst, kann es nur begrenzt Erfahrungen einer höheren Ordnung geben. Ruf dir einen Augenblick lang in Erinnerung, wie begrenzt ihr als menschliche Wesen seid und wie schlecht vorbereitet ihr im Allgemeinen für die Erfahrung von höheren Energien seid.

Denke daran, dass die Geistige Welt dich immer umgibt und neben dir lebt bzw. mit dir zusammenlebt. Du hast aber weder immer die Aufnahmefähigkeit, unsere Botschaften oder Signale zu empfangen, noch bist du in deinem begrenzten Bewusstseinszustand in der Lage, jene spirituellen Erfahrungen aufrechtzuerhalten, die du in Wahrheit ja sehr viel häufiger als nur einen Augenblick eurer Zeit hindurch bekommst.

Die Alltagswirklichkeit des irdischen Lebens wird immer jedes Gefühl von Erstaunen und jede höhere Eingebung abweisen und sie im kalten Licht des Alltagsdenkens als überspannt oder reine Fantasie abwerten. Sei geduldig und achte die spirituellen Aufstiege, wenn sie in dein Leben kommen. Übereile nichts und versuche nicht, auf die nächste Stufe zu springen, bis du nicht wirklich aufgenommen und wahrhaft verstanden hast, was jeweils bei der gegenwärtigen Stufe des Aufstiegs geschehen ist und welche Folgen das für dein Leben und deinen Fortschritt hat.

3. **Viele unter uns, die sich darum bemühen, sich spirituell zu entwickeln, erleben diesen Prozess als sehr anstrengend, und manche von uns müssen schreckliche Dinge dabei erleben. Wird es der nächsten Generation besser damit gehen, weil wir ihnen den Weg irgendwie frei geräumt haben, zumindest ein bisschen?**

Lass mich zunächst einmal darauf hinweisen, dass du keine Schwierigkeiten erlebst, weil du auf einer spirituellen Reise bist. Es kann sein, dass dir Probleme jetzt deutlicher vor Augen treten als zu einer Zeit, als du unwissender warst und die Auswirkungen von Schwierigkeiten nicht so gespürt hast, weil du eben noch nicht so wach warst, oder?

Die Mühen und Anstrengungen, von denen du sprichst, sind ein Teil der menschlichen Reise, die als besonders beschwerlich erscheinen mögen, je mehr sich dein Bewusstsein für eine spirituelle Denkweise öffnet.

In eurer Welt meint man häufig, man müsse nur gut sein und dann würden einem auch nur gute Dinge im Leben passieren. Aber das ist so nicht, wie du sicher längst gemerkt hast. Ein Geist, der spirituell offen ist, ist darauf allerdings vorbereitet und fängt an zu erkennen und zu lernen, dass die Herausforderungen und Probleme Lektionen sind. Und nur, wenn man sie wirklich erkennt und sich erarbeitet, werden sie für immer verschwinden.

Alle guten Handlungen, die ihr in eurer physischen Welt ausübt, werden denen helfen, die euch folgen. Denke aber daran, dass du nicht für alle Aktionen verantwortlich bist, die geschehen, während du über die Erde gehst. Kümmere dich also nur um das, was dir als Arbeit gegeben wird, und alles wird dann schon in Ordnung sein.

Sehr oft wird der spirituelle Weg in eurer Welt nicht von Belohnungen erfüllt sein, Ergebnisse sind nicht immer sichtbar. Du kannst jedoch versichert sein, dass gute Handlungen auch gute zukünftige Schritte bewirken.

4. **Wir erleben, dass traditionelle Religionen und Konfessionen viele Mitglieder verlieren und sich dennoch gegen echte Veränderungen stemmen. Was ist aus der Sicht von Spirit die Zukunft der christlichen Kirchen, der katholischen, der protestantischen, der anglikanischen ...?**

Die Zukunft jeder Familie in deiner Welt hängt von den Kindern ab und davon, wie sie erzogen, angeleitet und beraten werden. Es hängt davon ab, wie man sich um sie kümmert und sie nährt und sich entwickeln lässt, was ihnen über Liebe beigebracht wird und wie sie mit Angst umzugehen lernen.

Wenn man all das zusammennimmt und überdenkt ... Ich lade dich ein, dir dein eigenes Urteil zu bilden und zu einer eigenen Entscheidung zu finden in Bezug auf die Frage, die du mir gestellt hast, mein Freund.

Ich könnte dir sagen, dass es, wenn die Liebe fortgeht und Angst regiert, eine Hungersnot geben wird, einen großen Hunger nach Wahrheit – und wie sollte eine Lehre ohne Wahrheit überleben?

Ich spüre in deiner Frage jedoch den Wunsch, dass ich eine Zeitangabe mache, und das, mein Freund, kann ich nicht tun. Nicht weil ich sie nicht geben möchte, aber es wäre nicht recht, das zu tun. Zumal du kein echtes Interesse oder eine tiefe Verbindung zu den besagten Kirchen hast, und eine Zeitangabe weder dir noch den Organisationen selbst dienen würde. Und auch sonst würde keiner der Anwesenden heute von einer solchen Information profitieren.

5. **Sollten wir lieber in unserer Konfession bleiben und versuchen, sie »von innen her« zu verändern, oder macht es mehr Sinn, sie zu verlassen, wenn die Strukturen und Verhaltensmuster der Geistlichkeit einfach nicht mehr passen?**

Die einfache Antwort auf diese Frage lautet, das zu tun, was dir dein Herz in einer solchen Situation sagt. Jemand anderen zu bitten, für dich zu entscheiden, würde heißen, dass du noch nicht viel über dein eigenes spirituelles Wesen in solchen Angelegenheiten gelernt hättest.

Der Studierende, der das Bedürfnis hat, einer Religion zu folgen, wird durch deren Doktrin angeleitet, die von den von ihr bestimmten Predigern vertreten wird. Wenn der Studierende die Lehren infrage stellt oder auch die ganze Struktur der Organisation, dann muss er in seinem Herzen und in seinem Bewusstsein nach Führung suchen.

6. **Werden wir in unserer Zeit noch intelligentes Leben im Weltraum entdecken? Oder werden wir Besuch von »Aliens« und Raumschiffen erhalten? Wie sieht Spirit dieses ganze Thema allgemein?**

Überlege einmal: Was du »Alien« nennst, würde dich doch genauso als »Alien« ansehen, nicht wahr? Und könnte man nicht feststellen, dass die menschliche Rasse und andere Spezies auf eurem Planeten tatsächlich schon intelligentes Leben im Weltraum darstellen?

Ich habe auf diese Frage schon in so vielen Sitzungen und zu so vielen Leuten geantwortet, die sich auf unterschiedlichen Erkenntnisebenen befanden – deshalb werden sich die Antworten auch immer etwas voneinander unterscheiden.

Spirit betrachtet alles Leben im Universum auf die gleiche Weise. Was in einer Form lebt, die eine bestimmte Zeitspanne lang existiert, wird eines Tages körperlich sterben. Es wird den Körper verlassen, der notwendig war, die Lebenskraft durch dieses Leben zu tragen. Die Lebenskraft an sich, die Essenz, geht wieder zurück in die Geistige Welt.

Ich muss dir auch sagen, mein Freund, dass es wahrscheinlicher ist, dass solche Lebensformen euch entdecken und es schon getan haben, lange bevor ihr auch nur anfangt zu erkennen, wie man sie entdecken könnte.

7. Werden wir die Anwendung der Quantenphysik zum Beispiel in Form von Teleportation oder anderen wissenschaftlichen Durchbrüchen miterleben?

Schaut euch an, wie schnell sich euer naturwissenschaftliches Leben entwickelt: Was einst nur abstruse oder fantasiereiche Vorstellungen in der menschlichen Welt waren, ist inzwischen manifestiert worden.[11] Es wäre also falsch anzunehmen, dass nicht noch sehr viel mehr fantastische »Science Fiction«-Ideen verwirklicht werden können.

Es wäre jedoch nicht richtig zu versuchen, eine Zeitangabe zu machen. Denkt einfach einmal darüber nach, was es gab, als ihr noch Kinder wart, und was jetzt in euer

---

11 Bei einer anderen Gelegenheit und einer gleichartigen Frage wurden Flugzeuge, Computer, Raumflüge, Internet und andere Hochtechnologien neueren Datums als Beispiele angeführt für Vorstellungen, die vor kurzer Zeit noch völlig unrealistisch erschienen. (Anm.d.Ü.)

Leben getreten ist, was ihr euch damals nie hättet auch nur vorstellen können. Blickt dann in die Zukunft und fügt dieselbe Zeitspanne von damals bis heute hinzu. Das kann euch einen kleinen Vergleich bieten, wie lang es vielleicht dauert.

8. Wie betrachtet Spirit die Globalisierung, die wachsende Weltbevölkerung und Themen wie Frieden, soziale Wohlfahrt, Wasser, Ökologie und dergleichen mehr? Oder sind das Gebiete, zu denen sich Spirit lieber nicht äußert?

Wenn du nach der Globalisierung fragst, da muss ich dir sagen, dass sie in eurer Welt ja längst stattfindet. Sie ist die Wirkung und Folge dessen, dass der menschliche Geist intelligenter wird. Er wird immer weiter auf der Suche sein und die gesamte Welt erforschen wollen, alle Spezies und alle Kulturen.

Bei einer solchen Einstellung ist es nur eine Frage der Zeit, dass eure Welt kleiner wird und sehr viel vernetzter. Die Führer eurer Welt wollen die Teile, die sie anführen, ausdehnen – und das bedeutet, sich manchmal mit anderen zu verbinden und sie andere Male zu überholen. Wie dem auch sei: Globalisierung findet laufend statt.

Was Fragen nach dem Frieden betrifft, kann man nur erneut darauf hinweisen, dass es sehr schwierig ist, dass die gesamte Menschheit ihn erreicht, solange es nicht mehr Balance in ihrem höheren Bewusstsein gibt. Solange es eine tiefe Spaltung zwischen höhergestellten Leuten und niedrigeren gibt, wird der Frieden jenseits dieser großen Kluft liegen.

Wenn es um eure Ökologie geht und die natürlichen Elemente wie Wasser, mein Freund, dann habt ihr selbst alle Macht in eurer Welt, wie sie jetzt ist, mit dem Natürlichen gut umzugehen. Denkt daran, dass die Erde schon vor dem Menschen lebendig war, und sie hat immer Möglichkeiten gefunden, sich zu reparieren. Überlegt einen Moment lang: Erhält der Mensch die Erde oder erhält die Erde alle, die auf ihr leben?

9. Auf einer individuelleren Ebene: Das Leben wird offenbar immer stärker reguliert – Rauchverbote, Fahrvorschriften, Flughafenkontrollen und so fort. Müssen wir uns auf noch mehr Einschränkungen und Vorschriften für das persönliche Leben einstellen? Und wie sollte man damit auf eine gute Weise umgehen?

Alles, was du erwähnst, betrifft die Tatsache, dass Menschen, die Macht haben, anderen Vorschriften machen wollen. Ist es nicht aber so, dass die Masse der Menschheit lieber regiert wird, als selbst zu regieren, lieber organisiert wird, als die Verantwortung zu übernehmen, eigene Entscheidungen für sich selbst zu treffen? Wenn das zutrifft, dann lebt ihr in einer Welt, die ihr euch so ausgesucht habt, weil ihr nicht bereit seid, Veränderungen vorzunehmen.

Am besten geht man mit Einschränkungen und Vorschriften um, indem man Gleichgewicht und Zufriedenheit im eigenen Bewusstsein bewahrt. Damit meine ich, dass ihr all diese Umstände ja selbst als eine Lektion heraufbeschworen habt, um daraus zu lernen. Wie bei allen Lektionen geht es darum, dass man sein Bestes gibt und versucht,

Erfolg zu haben. Erfolgreich zu sein angesichts schwerer Vorschriften bedeutet, sich ihnen zu beugen und unberührt davon weiterzuleben.

Betrachte dein Bewusstsein unter allen Umständen als deinen kostbaren Edelstein, der immer ruhig und beständig sein muss. Deshalb liegt der Kampf, den du führen musst, darin, Ruhe zu bewahren.

10. Gibt es so etwas wie »kosmische Bestellungen«[12] oder »Bestellungen beim Universum«? Können wir die Kräfte oder Energien des Universums um Unterstützung für unser Leben bitten und werden sie uns dann zu Hilfe kommen?

Das ist eine sehr materialistische Betrachtung von spiritueller Energie oder Kraft, mein Freund. Es gibt so viele Möglichkeiten, wie du Unterstützung auf deiner menschlichen Reise erhalten kannst, und es gibt so viele Dinge, die du nutzen könntest, um anderen in ihren Nöten zu helfen, jenen, die unglücklicher sind als du.

Wenn der Menschheit eine solche Möglichkeit der »Bestellung« zur Verfügung stünde, dann würde das menschliche Leben damit ja perfekt sein und die Erfahrung als Mensch überflüssig und sinnlos werden.

Ein solches Denken, mein Freund, entstammt der Angst. Ein echter Pionier spiritueller Entwicklung und Förderung des Selbst wird die Lebenserfahrungen ertragen und daraus lernen, ohne sehr an sein Ego zu denken. Diese Form eines Wunschdenkens ist etwas für Teenager, die

12 Was im Deutschen »Bestellungen beim Universum« genannt wird, heißt im Englischen *cosmic ordering*. (Anm.d.Ü.)

irgendwelche Dinge, allerlei Träumereien und Sehnsüchte für die Zukunft erhoffen – also für jemanden, der noch nicht in die harsche Wirklichkeit des menschlichen Lebens eingetaucht ist.

Ein solcher Geist ist wie ein Zauberer, der das Geheimnis des ewigen Lebens und der Kräfte des Universums erfahren möchte, aber dessen bestes und höchstes Verlangen nicht darauf gerichtet ist, mit solch einer Macht etwas Gutes für alle zu bewirken. Nein, sein tiefster Wunsch ist, unedles Metall in Gold zu verwandeln.

Was sagt eine solche Denkweise meinen jungen Freunden? Euch alle erinnere ich daran: Ihr habt eine Abmachung getroffen, in dieses Leben zu kommen. Was während dieser Zeit passiert, sind die Bedingungen und Umstände, die ihr selbst in Gang gesetzt habt, um auf eine spirituellere Weise zu lernen und zu wachsen.

Manche von euch haben sich mutig dazu entschlossen, ihre Reise beschwerlich zu machen. Das führt in der Folge jedoch zu einem leichteren Leben. Ihr seid die spirituellen Krieger, weil eure Mühsal und Not anderen in eurer Welt etwas beibringen und sie inspirieren werden.

Einige von euch haben ihre eigene Reise bislang noch nicht voll verstanden. Auch das ist in Ordnung, da ihr bald den Gipfel des Verstehens erreichen werdet, da ihr euch ja selbst auf den richtigen Weg gestellt habt, um erleuchtet zu werden, nicht wahr?

Es wäre viel zu einfach, wenn die Kräfte des Universums alles Leiden aus der menschlichen Welt ausradieren, eine Welt des Friedens erschaffen und Armut und Kriminalität beenden würden.

Wenn wir eure Welt von Hass, Eifersucht, Machtgelüsten und Habgier befreien würden – was würde dann übrig bleiben, woran ihr lernen könntet?

Nein, meine Freunde, die höheren Mächte können eure Welt nicht ändern, nur weil ihr sie darum bittet. Wir beobachten und behüten euch, wie Eltern ihren Schulkindern am ersten Schultag zusehen. Wir wissen, dass wir gern helfen würden, aber wir können nur einfach da sein und euch versichern, dass alles gut wird.

Ich sage euch jetzt ganz klar: Falls euch eine Person überhaupt irgendwelche Gaben vom Universum versprechen könnte, fragt euch selbst, welchen Preis ihr zu einem späteren Zeitpunkt dafür zahlen müsstet.

Rückschau

Es hat in unseren vielen Sitzungen schon viele Fragen über zeitgenössische Themen und über politische Angelegenheiten gegeben, aber Spirit scheint uns immer darauf hinzuweisen, dass wir selbst die Verantwortung für diese Welt und für die Dinge, die wir tun und sagen, übernehmen müssen. Ich vermute, dass die Menschen, die an diesen Zusammenkünften teilnehmen, nach Antworten suchen, die ihr Leben leichter machen und ihnen vielleicht sogar erlauben, weniger Eigenverantwortung zu übernehmen. Es sieht aber so aus, als ob das nie funktionieren kann.

Es gibt immer mindestens eine Person, die während der Trance um Antworten auf ganz persönliche Probleme bittet, und manchmal wird Spirit darauf eingehen. Bei anderen Gelegenheiten wird er darauf beharren, dass es nicht klug sei, zu dieser Zeit Antworten zu geben, weil es der Person keinen echten Nutzen brächte, ein Ergebnis zu erfahren. Aber in den allermeisten Fällen gibt es doch irgendeine Art von Hilfe und Unterstützung.

Ein Beispiel dafür möchte ich geben. Ein Mann fragte den Geistführer nach seinem Sohn, der im Irak im Golfkrieg von 1990 bis 1991 kämpfte – was aber während der Trance-Sitzung vom Fragesteller nicht erwähnt wurde! Der Mann bat meinen Geistführer, ihm zu helfen. In seiner Stimme schwang eine tief sitzende Angst mit, die alle Anwesenden veranlasste, dem Mann ihre ganze Aufmerksamkeit zuzuwenden. Mit mir waren ungefähr zwanzig Menschen in einem kleinen Zimmer im rückwärtigen Teil einer spiritualistischen Kirche im Südwesten Englands versammelt. Alle hielten sozusagen den Atem an, als sie die verzweifelten Worte dieses Mannes hörten.

Als ich mir neulich die alte Aufzeichnung anhörte, schien mir das so lange her zu sein. Es war die Zeit, in der mein Geistführer zum ersten Mal in einer Trance-Sitzung »durchkam«. Aber was er übermittelte, war für alle von uns wesentlich, nicht nur für den Fragesteller.

Es gab eine kurze Pause, nachdem der Mann angefangen hatte, über seine Sorgen in Bezug auf seinen Sohn zu sprechen, aber noch ohne Einzelheiten anzuführen. Chi unterbrach ihn und wandte sich direkt an ihn: »Gentleman, ich spüre, was Sie im Einzelnen wissen wollen, und ich habe die

Erlaubnis, Ihnen das zu übermitteln, was Sie jetzt brauchen. Ihrem Sohn geht es gut und er ist nicht in Gefahr. Er wird in der ersten Märzwoche des nächsten Jahres persönlich mit Ihnen Kontakt aufnehmen, und er wird im Mai wieder bei seiner ganzen Familie zu Hause sein.

Da dies eine Information aus der Zukunft ist, werden Sie sich vielleicht noch unsicher fühlen, ob sie auch stimmt. Deshalb darf ich Ihnen, damit Sie mehr Vertrauen haben, sagen, dass Ihr Sohn Stephen heißt, sein Geburtstag in einer Woche ist und er sich gerade in Übersee im Krieg für sein Land befindet.

Achten Sie auf das, was ich sage, denn es würde nicht dem Wesen von Spirit entsprechen, falsche Hoffnungen zu wecken. Ich bin mir nur deshalb sicher, weil er auf einer Zeitschiene ist, die mir erlaubt ist zu sehen. Nehmen Sie diese Nachricht mit zu ihrer Familie, aber sagen Sie es sonst keinem anderen, und alles wird gut sein. Segen für Sie.«

Ich bin unendlich glücklich mitteilen zu dürfen, dass mich der Mann im März des folgenden Jahres kontaktierte, kurz nachdem der Krieg für beendet erklärt worden war. Er erfuhr, dass sein Sohn Stephen heimkommen und im Mai jenes Jahres wieder zurück bei seiner Familie sein würde. Er hatte den Krieg unversehrt und ohne spätere Nachwirkungen gut überstanden.

Antworten wie diese verstärken mein großes Vertrauen in Meister Chi und andere Geistführer sowie in die Lehren, die sie uns anbieten, noch mehr. Ich weiß, dass sie nicht alles für uns erledigen und dass sie nicht unser Leben führen können. Aber zu wissen, dass sie bei uns sind, »über uns«, macht das Leben doch viel leichter.

Schlussworte von Gordon Smith

Die Lehren der Geistigen Welt sind sehr einfach und bringen die Sache oft genau auf den Punkt. Ich bin überzeugt, dass viele Antworten in diesem Buch für jene Menschen hilfreich und nützlich sind, die aufrichtig nach der Wahrheit des spirituellen Lebens, nach dem Kern der geistigen Existenz suchen und die ihr Bewusstsein weiter öffnen und ausdehnen wollen, um ein höheres Verständnis des Menschseins zu erlangen, als wir es normalerweise haben.

Allen, die sich die Zeit genommen haben, dieses Buch zu lesen, möchte ich dies mit auf den Weg geben: Nehmt das auf, was gesagt worden ist, und versucht nicht, etwas hinzuzufügen oder abzustreichen, da die übermittelten Botschaften und die Worte, mit denen sie gegeben wurden, mit genauer Überlegung und voller Absicht so erfolgten.

In meinen vielen Jahren der Arbeit mit Spirit habe ich immer nur erfahren, dass die Geistige Welt und die Geistführer mitfühlend und weise waren und dass die Zeit, die sie sich für uns nehmen, für unsere Lebensreise sehr wertvoll ist. In diesem Sinne möchte ich Sie bitten, die Lehren aus der Geistigen

Welt, die in diesem Buch enthalten sind, zu nutzen, um so viel wie möglich daraus zu lernen. Das, was Sie nicht annehmen können, lassen Sie einfach beiseite – erlauben Sie ihm jedoch, Ihr Denken herauszufordern. Denn schließlich dehnen wir unser Bewusstsein ganz natürlich aus, wenn wir mit etwas zu tun haben, was uns vielleicht provoziert. Und Ausdehnung und Erweiterung ist ja das eigentliche Wesen von Spirit.

Beste Wünsche,
Gordon Smith

Anhang

Zu Fragen, die nicht gestellt bzw. nicht beantwortet wurden

Spirit hat nicht alle Fragen beantwortet, die gestellt wurden. Manche, besonders solche, bei denen es um Geld, Politik und dergleichen ging, erschienen der Geistigen Welt entweder zu belanglos. Oder eventuelle Antworten von Spirit würden nur zu schrecklichen Missverständnissen und mentalen Debatten voller heißer Luft führen.

Andere Fragen wirkten so, als hätte man damit nur eine »Büchse voller Würmer« geöffnet, und die Antworten, die Spirit gegeben hätte, wären entweder widersprüchlich oder verwirrend gewesen. Dafür möchte ich ein Beispiel anführen. Manchmal stellen Menschen Fragen über Gott wie: »Existiert Gott?«

Spirit hat diese Frage einige Male durchaus beantwortet, aber immer anders! Einmal lautete die Antwort: »Ja, Gott gibt es, und es ist sinnvoll, dass du dich öffnest und seine/ihre Gegenwart und Hilfe und Gnade spürst.« Bei einer anderen

Gelegenheit sagte Spirit: »Nein, nicht wirklich. Tatsächlich ist es deine eigene spirituelle Essenz, die du vielleicht ‚Gott' nennen möchtest, um es/ihn/sie ‚objektiver' zu machen.«

Wie kommt das? Wie kommt es dazu, dass wir derart scheinbar widersprüchliche Antworten erhalten? Weil sich jeder Mensch in einem anderen Stadium von Bewusstheit, des Erwachens, der spirituellen Bewusstwerdung befindet. Die Geistige Welt antwortet am liebsten auf eine Weise, dass die Person, welche die Frage stellt, das Meiste und Beste durch die Antwort erhält. Das bedeutet, dass die Antwort genau dem speziellen Glaubenssystem einer bestimmten Person entspricht, aber nicht zu den spirituellen Glaubenssätzen von anderen Menschen passen muss.

Und es gibt einen weiteren Aspekt dabei. In dem Augenblick, in dem Spirit eine Antwort, die absolut erscheint, auf Fragen wie die nach Gott geben würde, könnte diese Antwort leicht zu einem Dogma gemacht werden. Zunächst bestärkt es zwar manche Leute unter Umständen in ihrer Persönlichkeit und in ihrer Spiritualität. Die Antwort könnte ihnen vielleicht helfen, zu glauben und zu wachsen. Aber jeder dogmatische Ansatz, jede dogmatisch wirkende Antwort, Struktur oder Theorie wird am Ende nur einengen, begrenzen, wird in der Unterdrückung von Spirit, der Freiheit und der Evolution resultieren.

Das sind also die wichtigsten Gründe, warum Spirit nicht auf alle Fragen eingegangen ist, die in Sitzungen auftauchten oder ihm für dieses Buch auch neu vorgelegt wurden.

Dank

Der Verlag dankt einigen Menschen ganz besonders, die neben den vielen anderen in Gordons Trance-Sitzungen mit ihren speziellen Fragen zu diesem Buch beigetragen haben. Das sind (nur einige mochten genannt werden, während die anderen anonym bleiben wollten), in alphabetischer Reihenfolge der Vornamen:

- Andrea Briegel, Schweiz. www.bewusstwerden.ch
- Ann Aura Knight, USA
- Elaina Nielsen, Dänemark. nielsen.artplaces.com
- Elke Mayr, Österreich: elkemayr.members.cablelink.at/impressum.html
- Helmut Weyrer, Österreich: www.heliotop.at
- Ida Linner, Österreich: www.ich-du-alle.com
- Oliver Pfizenmayer, Deutschland: www.medelas.de
- Yvonne Koch, Schweiz: www.astrok.ch

Andere Bücher von Gordon Smith

- Medium. Mein Kontakt mit dem Jenseits, Allegria
- Mein Blick ins Jenseits: Begegnung mit Verstorbenen, Allegria
- Wie man ein Medium wird, Allegria
- Spirit Messenger: Die bemerkenswerte Geschichte des siebten Sohnes, Allegria

Über den Autor

Gordon Smith, der siebte Sohn eines siebten Sohnes aus Schottland, gilt als eines der führenden Medien unserer Zeit und wirkt inzwischen auch als herausragender spiritueller Lehrer. Seine außergewöhnlichen natürlichen Gaben als Medium und Botschafter der Geistigen Welt hat er unter der Anleitung einiger wahrer »Legenden« der spiritualistischen Kirche in Großbritannien systematisch weiterentwickelt. So im medialen Zirkel der außerordentlichen Mrs. Primrose, die eine wahre Inspiration für den schottischen Spiritualismus war. Während dieser Zeit wurde er zu einem engen Freund des legendären Albert Best, der weithin als eines der fähigsten Medien des 20. Jahrhunderts anerkannt wird.

Gordons keltischer Charme und seine lebendigen Demonstrationen auf der Bühne bieten seinem Publikum seltene Gelegenheiten, das faszinierende Phänomen von Medialität und der Arbeit eines Mediums mitzuerleben. Dabei hat er einen ganz besonderen eigenen Stil entwickelt, der warmen Humor, echte Leidenschaft für das Thema und Mitgefühl für andere verbindet.

Als international bekanntes Medium ist Gordon Smith in viele Ecken der Erde gereist und vor Tausenden von Menschen aufgetreten. Er hat private Sitzungen für zahlreiche Staatsoberhäupter, andere Politiker und berühmte Zeitgenossen durchgeführt.[13]

---

13 Gordon Smith hat übrigens nie Geld für Privatsitzungen verlangt oder angenommen und tut das auch heute nicht (soweit er überhaupt noch Privatsitzungen gibt). Er bewertet aber andere Medien in keiner Weise, die einen

Führende Zeitungen haben ihn als »Großbritanniens treffsicherstes Medium« bezeichnet (siehe auch Zitate unten). Gordon ist in zahlreichen Fernsehsendungen und Dokumentationen aufgetreten, bei BCC, ITV, Sky, Living und Bio Channel.

Gordon Smith hat bisher neun Bücher geschrieben, die in viele Sprachen übersetzt wurden, und er schreibt regelmäßig Beiträge für die Magazine *Fate & Fortune* und *Best*. Kürzlich hat er sein eigenes Online-Magazin gestartet, *Psychic Views*, das nützliche und interessante Informationen aus der Welt der Medialität und der paranormalen Phänomene anbietet:

www.psychicviews.co.uk

Und das schreiben englische Zeitungen über Gordon Smith:

- »Gefeiert als das treffsicherste Medium im Vereinigten Königreich« The Daily Mail
- »Gordon Smith hat seine himmlischen Talente gut geerdet.« The Daily Telegraph
- »Ich habe keine Zweifel, dass er echt ist. Seine Genauigkeit hat mir die Haare am Nacken aufgestellt.« Woman´s Own
- »In den Botschaften, die Gordon übermittelt, sind keine Mehrdeutigkeiten enthalten.« The Daily Mail
- »Gordons Gabe war, die Trauer der Menschen zu lindern, deren Herzen gebrochen waren, und ihnen neue Hoffnung zu geben.« The Guardian
- »Erstaunlich.« Time Out

Betrag für ihre Beratungen verlangen und für ihren Lebensunterhalt auch brauchen. Für Abende, Kurse und Seminare mit Gordon Smith wird jedoch normal bezahlt. (Anm.d.Ü.)

Kontakt und Events

Englische Webseiten von Gordon Smith:

- www.gordonsmithmedium.com
- www.psychicviews.co.uk

Live-Demonstrationen, Seminare, Workshops

Gordon Smith besucht immer wieder den deutschsprachigen Raum. Er bietet, insbesondere in Zusammenarbeit mit dem Basler PSI-Verein und mit dem Frankfurter Ring, gelegentlich Seminare und Ausbildungen mit deutscher Übersetzung an. Weitere Informationen im Überblick mit Links auch bei Wulfing von Rohr: www.wulfingvonrohr.info; E-Mail wulfing@gmx.at.

Spirituelle Seminare und Ausbildungen

Im Verlauf der Jahre ist Gordon von der geistigen Welt angeleitet worden, eine einzigartige spirituelle Ausbildung zu entwickeln, die ernsthaft interessierte Menschen dazu ermächtigt, das Erwachen des Selbst und ein Maß an Erleuchtung in diesem Leben zu erreichen. Er hat auch einen neuen Ansatz gefunden, um Medialität zu lehren, damit andere Menschen ihre eigenen medialen und heilerischen Fähigkeiten entdecken und richtig ausbilden können.

Gordon ist in seiner Arbeit als Medium, während er auf der Bühne den Kontakt mit Verstorbenen und mit Geistführern herstellt, mit den Anwesenden, die liebe Mitmenschen verloren haben, sehr sensibel und einfühlsam. Er inspiriert und ermächtigt Menschen und schafft eine »sichere« Atmosphäre, wenn er Teilnehmer/innen zeigt, wie sie in Kontakt mit medialen Fähigkeiten gelangen, wie sie sich mit Geistführern verbinden und wie sie sich für göttliche Inspiration öffnen können.

Gordon Smith' Lehren und Trainingsprogramme heißen Empowering Your Spirit – Creating a Stronger Link! (Deinen Spirit ermächtigen – eine stärkere Verbindung aufbauen!)
Bei diesen Programmen geht es vor allem um:

- Dein inneres Ich entdecken
- Dein höheres Selbst entdecken
- Medialität mit und ohne Trance / Geistführern / »Verstorbenen«
- Heilung und Heilen
- Deine eigenen ganz speziellen spirituellen Gaben entdekken und entwickeln
- Wie du dein Spirit-Selbst wirklich erkennst und wahrhaft liebst

In diesen Trainings erweist sich Gordon Smith nicht nur als spiritueller Experte und sehr genaues Medium, sondern auch als außergewöhnlicher Lehrer: kompetent, vertrauensvoll und vertrauenswürdig, authentisch und innerlich verbunden, zudem befähigt, Menschen zu helfen, ihren eigenen Kontakt mit der Geistigen Welt herzustellen.

Gordon believes in you ... so you should, too!

Gordon glaubt an dich – und das solltest du auch tun!